马克思主义简明读本

社会发展的"三形态"理论

丛书主编：韩喜平

本书著者：王　耐

编　委　会：韩喜平　邵彦敏　吴宏政
　　　　　　王为全　罗克全　张中国
　　　　　　王　颖　石　英　里光年

吉林出版集团股份有限公司

图书在版编目（CIP）数据

社会发展的"三形态"理论 / 王耐著. -- 长春 :吉林出版集团股份有限公司，2014.4（2021.2重印）
（马克思主义简明读本）

ISBN 978-7-5534-2593-1

Ⅰ.①社… Ⅱ.①王… Ⅲ.①马克思主义政治经济学②经济思想史③社会发展史 Ⅳ.①F0-0

中国版本图书馆CIP数据核字（2013）第174383号

社会发展的"三形态"理论
SHEHUI FAZHAN DE SAN XINGTAI LILUN

丛书主编：韩喜平
本书著者：王　耐
项目策划：周海英　耿　宏
项目负责：周海英　耿　宏　宫志伟
责任编辑：陈　曲
出　　版：吉林出版集团股份有限公司
发　　行：吉林出版集团社科图书有限公司
电　　话：0431-81629720
印　　刷：永清县晔盛亚胶印有限公司
开　　本：710mm×960mm　1/16
字　　数：100千字
印　　张：12
版　　次：2014年4月第1版
印　　次：2021年2月第4次印刷
书　　号：ISBN 978-7-5534-2593-1
定　　价：36.00元

序　言

习近平总书记指出，青年最富有朝气、最富有梦想，青年兴则国家兴，青年强则国家强。青年是民族的未来，"中国梦"是我们的，更是青年一代的，实现中华民族伟大复兴的"中国梦"需要依靠广大青年的不断努力。

要提高青年人的理论素养。理论是科学化、系统化、观念化的复杂知识体系，也是认识问题、分析问题、解决问题的思想方法和工作方法。青年正处于世界观、方法论形成的关键时期，特别是在知识爆炸、文化快餐消费盛行的今天，如果能够静下心来学习一点理论知识，对于提高他们分析问题、辨别是非的能力有着很大的帮助。

要提高青年人的政治理论素养。青年是祖国的未来，是社会主义的建设者和接班人。党的十八大报告指出，回首近代以来中国波澜壮阔的历史，展望中华民族充满希望的未来，我们得出一个坚定的结论——实现中华民族伟大复兴，必须坚定不移地走中国特色社会主义道路。要建立青年人对中国特色社会主义的道路自信、理论自信、制度自信，就必须要对他们进行马克思主义理论教育，特别是中国特色社会主义理论体系教育。

要提高青年人的创新能力。创新是推动民族进步和社会发展的不竭动力，培养青年人的创新能力是全社会的重要职责。但创新从来都是继承与发展的统一，它需要知识的积淀，需要理论素养的提升。马克思主义理论是人类社会最为重大的理论创新，系统地学习马克思主义理论有助于青年人创新能力的提升。

要培养青年人的远大志向。"一个民族只有拥有那些关注天空的人，这个民族才有希望。如果一个民族只是关心眼下脚下的事情，这个民族是没有未来的。"马克思主义是关注人类自由与解放的理论，是胸怀世界、关注人类的理论，青年人志存高远，奋发有为，应该学会用马克思主义理论武装自己，胸怀世界，关注人类。

正是基于以上几点考虑，我们编写了这套《马克思主义简明读本》系列丛书，以便更全面地展示马克思主义理论基础知识。希望青年朋友们通过学习，能够切实收到成效。

韩喜平

2013年8月

目　　录

引　言 / 001

第一章　"三形态"学说产生的理论背景 / 003

第一节　"三形态"学说理论从萌芽到正式提出 / 003

第二节　"三形态"学说理论的进一步发展 / 025

第三节　"三形态"学说理论对其他理论的借鉴 / 033

第二章　"三形态"学说的具体内容 / 058

第一节　第一个阶段——"人的依赖性社会" / 058

第二节　第二个阶段——"物的依赖性社会" / 070

第三节　第三个阶段——"全面自由自觉的人" / 102

第三章　"三形态"学说在马克思主义
　　　　理论体系中的地位 / 127

第一节　学界对"五形态"学说以及

其他社会形态划分的争论 / 127

第二节　"三形态"学说丰富了马克思的

历史唯物主义 / 146

第三节　"三形态"学说是人类解放的

辩证逻辑原理 / 155

参考文献 / 184

引　言

　　《1857—1858年经济学手稿》于1939年和1941年分两册在莫斯科第一次以德文公开发表以后，引起了很大的反响。在西方，它被称为继1932年《巴黎手稿》发表后的"第二冲击波"。自首次公布以来70多年的风雨历程中，学界虽然对这部手稿进行了诸多研究，但却一直争论不休。目前争论最为激烈的莫过于《笔记本Ⅰ》、《货币章》中马克思对三大社会形态理论的描述。有的学者认为，"这是对人类历史发展规律的最高概括，是马克思留给我们的最宝贵的思想遗产"；也有学者认为，"马克思对社会形态问题的研究绝不是为了提出一种关于人类社会发展一般规律的历史哲学，而是要提供一种关于资本主义社会的起源和灭亡的理论"。首先，本书试图通过对三大社会形态理论背景的梳理，澄清"三形态"学说的逻辑前提。其次，详细阐释"三形态"学说的具体内容，即人的依附关系、以物的依赖性为基础的人的独立性以及自由人的联合体三个环节。重点指出其中所包含的历史辩证法原理。最后，分析"三形态"学说在马克思主义理论中的地位，即在什么意义上构成了历史唯物主义的重要组成部分。

第一章 "三形态"学说产生的理论背景

第一节 "三形态"学说理论从萌芽到正式提出

一、《1844年经济学哲学手稿》中三大社会形态理论的萌芽

《1844年经济学哲学手稿》是发表于马克思唯物史观形成之前，是一个比较重要的实验性文本。作为实验性文本，从理论的形式角度来说，《1844年经济学哲学手稿》的内容是丰富多样、宛延复杂的，这不仅是因为各种思想材料初次在这里得到综合，而且是因为马克思本人的思想正在经历一个"临产前的阵痛"——它还是动荡的，甚至概念、术语、表达等也是兼容曲折的。尽管这样，我们还是可以按

理论逻辑把《1844年经济学哲学手稿》的主要内容归纳如下："（1）以'异化劳动'概念为核心的政治经济学批判；（2）以'异化的积极扬弃'为核心的共产主义学说；（3）以'劳动'其原则是'对象性的活动'——为核心的哲学批判。""这三个方面是不可分割地联系在一起的。"[①]简而言之，马克思首先指出，在理所当然的前提下，国民经济学所接受的现代私有制，其实它是异化劳动的产物，并且在私有制条件下，异化劳动导致了资产阶级社会的各种分离和对立的现象。所以，对现实社会的批判仅仅归结为对私有制的批判是不够的，还必须上升到对异化劳动的批判。共产主义运动是对资本主义社会和私有制的彻底的批判，终究要做到对异化劳动的积极扬弃上来，也只有到共产主义社会才能实现。而异化劳动的扬弃就是要恢复劳动的本真状态，马克思把本真意义的劳动在一定程度上归纳为人的类本质，它是"自由自觉的活动"和"对象性的活动"。

在政治经济学批判之中，马克思提出的"异化劳动"概

[①] 吴晓明等：《马克思主义社会思想史》，复旦大学出版社1996年版，第94页。

念，主要体现了三大社会形态理论的萌芽状态的东西。马克思在《1844年经济学哲学手稿》中一个首要任务就是揭示私有财产的本质和来源。值得注意的是，这里的私有财产具有三重含义：一是"国民经济学中所反映的私有财产"；二是现代资本主义社会中的自由的个人的私有财产；三是表现为资本的具有普遍性的私有财产。

依据国民经济学的理论，我们知道私有财产的主体本质就是劳动，并作为自为的活动、主体和个人的私有财产。这表明，"人本身被认为是私有财产的本质"，财富不仅仅作为外在对象的地产和货币等东西了，而且它"能够不再束缚于作为存在于人之外的本质的私有财产的那些地方性的、民族的等的规定，从而使一种世界主义的、普遍的、摧毁一切界限和束缚的能量发展起来"。因此，劳动成了财富的唯一本质，这种作为财富之普遍本质的劳动不是某种特定的劳动，而是一般劳动。[1]

马克思还指出，由于国民经济学是从私有财产的事实出

_____

[1]《马克思恩格斯全集》第42卷，人民出版社1979年版，第112—115页。

发，并没有对其批判的继承，所以，他们自以为是地把劳动作为私有财产及其本质的自然的前提，而没有进一步去探究它们的合理性和来源，这意味着他们"把应当加以论证的东西当作前提"，把"应当加以说明的东西假定为一种历史事实"。但是，从当前充满矛盾的经济事实开始研究，我们就会发现，被国民经济学作为前提的自然的、永恒的劳动其实是异化了的劳动，同时以这种劳动作为自己的主体本质的私有财产，也是异化劳动的一个结果，而且它们并不是自然的前提，而是特定的历史时期的产物。那么，我们不禁要问私有财产和异化劳动作为国民经济学的前提是在什么时候形成的呢？在它们之前的财产和劳动又表现为何种状态呢？问题的答案虽然在手稿中没有明确的回答，但是，马克思很多论述都直接或间接地涉及到这方面的内容。从马克思对重农学派、地租和分工的相关论述中，我们可以看出马克思对现代资本主义社会和在它之前的社会不同特征的描述，进而对两种社会的不同特征作出了辨识，这种辨识同后来的三大社会形态的划分有着内在的联系。

马克思在分析魁奈医生的重农主义学说时，他认为，这一学说作为从重商主义到亚当·斯密的过渡，表现出两重性的特征：由于重农学派把全部财富都归结为土地和耕作（农业），所以，"封建所有制在国民经济学上的解体直接产生了重农学派，而且重农学派直接是封建所有制在国民经济学上的变革、恢复，但是它的语言由封建的变成了经济学的了"。之所以说它是封建所有制在国民经济学上的解体，主要是因为土地作为"一种普遍的自然的要素"，使"财富的对象、财富的材料立即获得了自然界范围内的最高普遍性"，同时，由于把生产（农业）说成是地产的本质，不仅消除了地产的封建性质，而且使地产也成为由劳动来决定的财富。这就是说，重农学派已经开始从普遍性的层面上来重新界定财富，并且他们认为财富的本质是劳动（农业生产），"否定了特殊的、外部的、纯对象性的财富"。而之所以说它是封建所有制在国民经济学上的变革和恢复，又主要是因为"土地还不是资本，它还是资本的一种特殊的存在形式，这种存在形式是在它的自然特殊性中并且由于它的这种自然特殊性，才具有意义"。另外，他们认为农业是唯一的生产的劳动，"因此，劳动还不是从它的普遍性和抽象性上来理解的，它还是同一种作为它的材料的特殊自然要素结合在一起的，因此它还是仅仅在一种特殊的、自然规定的存在形式中被认识的。所以，劳动不过是人的一种特定的、特殊的外化，正像劳动产品还被看作一种特定的——与其说来源于劳动本身，不如说来源于自然界的——财富一样。"也可以理解为"他们对工业世界持否定态度，并且承认封建制度"。①

通过以上的描述，我们实际上可以看到马克思以劳动的实现形式的角度对封建制社会和资本主义社会（工业世界）所作的区分。在封建制度下，他们把财富看作是自然界的产物，同时作为财富本质的劳动也是同自然要素结合在一起的，仅仅在农业生产活动中才得以认识，这种活动是一种特殊的、自然规定的存在形式。而在资本主义社会中，财富的本质同样是劳动，但这种劳动"不是某种特定的劳动，不是与某种特殊要素结合在一起的、某种特殊的劳动表现，而是一般劳动"。这就是说，作为封建制社会的财富本质的劳动

---

① 《马克思恩格斯全集》第42卷，人民出版社1979年版，第114—115页。

和作为资本主义社会的财富本质的劳动,二者的根本区别在于:前者总是和具体的自然要素结合在一起的,而后者则表现为抽象的一般劳动。

马克思又补充道:"劳动开始只是以农业劳动出现,然后进一步发展成为一般劳动。"就是说,随着劳动形式的发展,由封建制社会逐步发展成为资本主义社会。资本主义社会代替封建制社会与工业代替农业、一般性劳动代替特定性劳动的过程是同步的。众所周知,在资本主义社会的条件下,"一切财富成了工业的财富,而工业是完成了的劳动,正像工厂制度是工业即劳动的发达的本质,而工业资本是私有财产的完成了的客观形式一样。我们看到,只有这时私有财产才能完成它对人的统治,并以最普遍的形式成为世界历史的力量"①。

马克思在分析地租问题时,他明确提出了封建的土地占有制和现代的土地私有制之间的根本区别。在封建的土地占有制下,领主不仅表面上是领地的君主。同时,在封建领地

————————

① 《马克思恩格斯全集》第42卷,人民出版社1979年版,第115—116页。

上，领主和土地之间还存在比较密切的关系的假象，其实二者也就是比较单纯的物质财富的关系。地块随它的主人一起个性化，土地仿佛是它的主人的无机的身体。地产的统治表现为一种最狭隘的民族性，并不表现为单纯的资本的统治。进一步解释就是属于这块地产的人们对待这块地产就好比自己对待自己的祖国一样充满了感情。所以说，耕种领主的土地的人具有双重性质，一方面他们像农奴一样本身就是领主的财产，另一方面他们对领主保持着尊敬、忠顺和纳贡的关系。相反，领主对他们的态度也具有双重性，一面是直接政治的，另一面又是有某种感情的。而在现代的土地私有制下，把人和地块连接在一起的已经由人的性格、人的个性转变成为了人的钱袋子了。除此之外，随着地产完全卷入私有财产的运动之中，地产这个私有财产也具有了商品的属性；所有者的统治表现为私有财产、资本的单纯统治，从而也失去了以前一切政治色彩；所有者和劳动者之间的关系从属于剥削者和被剥削者的经济关系；所有者和他的财产之间的一切人格的关系也随之消失，而这个财产必然成为纯实物的、物质的财富；处于利害关系的联姻将逐渐代替与土地的荣誉联姻，而土地也像人一样必然降到买卖价值的水平。因此，我们可以看到现代俗语"金钱没有主人"代替中世纪的俗语"没有无主的土地"。

在这里，我们可以看到马克思明确的区分了人与人的关系在封建制社会和现代资本主义社会中的不同状态。在封建制社会中，由于生产力和劳动工具的极其落后，人依附于土地，土地把人与人联系在一起。所以，人与人的关系总是和某一块特定的土地连接在一起的，一方作为领主和另一方作为耕种者，二者的关系具有多重特点，一方面是经济的关系，另一方面是政治的和带有宗法感情色彩的，同时具有狭隘的民族性的特点。而在现代资本主义社会中，随着生产力和生产工具的提高，所有者的统治表现为资本的单纯统治，人依附于物。所以，人与人的关系受普遍性的资本来统治，具体表现为剥削者和被剥削者这种单纯的经济关系，土地和人都被降到买卖价值的水平，这种人与人的关系实际上"清楚地表明了死的物质对人的完全统治。"[1]简单概括为，在封建制社会，人与人的关系表现出人身依附性和狭隘性的特

---

[1]《马克思恩格斯全集》第42卷，人民出版社1979年版，第85页。

点，而在现代社会，人与人的关系则表现出物役性和普遍性的特点。

马克思还在《1844年经济学哲学手稿》中批判了国民经济学的分工理论。依据亚当·斯密等人的观点，他们认为分工给劳动以无限的生产能力。由于人们都有利己主义的心理，希望通过特有的交换和交易来满足自己的需求，每个人具有不同的才能和能力，通过分工和交换可以使人们各种各样的才能和活动方式得到合理的利用，达到利益最大化。与此同时，也能更好地满足每个人所需要的东西。在文明状态的社会中，从某种程度上说，我们处在商业社会，不能没有交换，没有交换就意味着没有生产。国民经济学同时也认为，现代文明社会的发展离不开社会化的分工和交换。马克思不同意这种分工理论主要体现在如下两个方面：一是指出被国民经济学视为劳动社会性之真实体现的分工和交换，反映的只是异化范围内的劳动社会性，"分工是关于异化范围内的劳动社会性的国民经济学用语。"二是指出国民经济学分工理论的内在矛盾，它一方面从利己主义出发，把排他性的"自由放任的私有财产"作为分工和交换的基础，另一方面又用分工和交换来说明劳动的社会性，这就暴露了它所包含的矛盾，即依靠非社会的特殊利益来论证社会"。①

上述内容的描述中有两个地方值得注意：第一，分工和交换与生产能力被国民经济学联系起来是无限性的，没有任何的制约条件。上文中提到的文明状态的社会是指现代资本主义社会，同时国民经济学认为文明状态的社会是一个有着社会化分工和交换的商业社会，根据我们的了解，我们知道马克思后来接受了这种观点；第二，马克思认为在资本主义社会的分工和交换中，存在着"自由放任的私有财产"和"劳动社会性"之间的内在矛盾。

以上内容是马克思对重农学派、地租和分工的论述，通过这些论述，我们可以看出，在政治经济学批判的过程中，他认识到了个人劳动与社会劳动的相互关系状态，并描述了现代资本主义社会的一些基本特征。即财富表现为一般劳动的结果；人与人的关系受资本的统治，出现了死的物质对人的完全统治；有了社会化的分工和交换体系，是一个商

① 《马克思恩格斯全集》第42卷，人民出版社1979年版，第144—148页。

业社会，同时存在着个人私有制和社会化生产的内在矛盾；等等。所有这些表现出来的特征都与国民经济学所认为是不用说明的自然状态的东西相矛盾，相反，我们可以看出，它是私有财产发展到一定阶段的产物和异化劳动的结果。通过上文，我们知道封建制社会表现出不同于现代资本主义社会的一些特征。即财富总是和特定的自然要素联系在一起，还没有上升到抽象的一般劳动；人与人的关系局限于某块特定的土地，具有温情脉脉的浪漫主义和狭隘的民族性特征；等等。我们知道，在德法年鉴时期马克思广义的运用"封建社会"这一概念，现代"自由社会"之前的一切不合理、不自由的等级社会都可以用"封建社会"来指代。因此，从某种程度上讲，在这里马克思所描述的封建制社会的基本特征，也可以被看作是现代资本主义社会之前的所有社会的基本特征。这就意味着马克思在这里讨论的就是现代资本主义社会和前资本主义社会的不同特征及其相互关系。

马克思在分析《1844年经济学哲学手稿》的过程中，还论述了共产主义社会的基本特征。由于私有财产和异化劳动本身所具有局限性，所以要扬弃私有财产和异化劳动。

这样，劳动表现由一种抽象的一般劳动转化为"人的本质的对象化"的自由的活动；由普遍的资本的形式来统治着劳动者转化为"人以一种全面的方式，也就是说，作为一个完整的人，占有自己的全面的本质"的过程；由与人相对立转化为"人的一种自我享受"。在共产主义社会时期已经消灭了"整个土地私有制"，实现了地产的联合，这种联合"也就通过合理的方式，而不再借助于农奴制度、老爷权势和有关所有权的荒谬的神秘主义来恢复人与土地的温情脉脉的关系，因为土地不再是买卖的对象，而是通过自由的劳动和自由的享受，重新成为人的真正的自身的财产"[①]。此外，由于私有财产条件下的分工会使"每一单个人的能力退化"，造成"个人活动贫乏和退化"，所以，它在共产主义社会也应被扬弃，才能使人通过劳动以"全面的方式"来"占有自己的全面的本质"。

综上所述，我们可以理直气壮地说，在《1844年经济学哲学手稿》中，能若隐若现地看到以后三大社会形态理论的一个大致的轮廓和基本思路。在手稿中，依据个人劳动和社

[①] 《马克思恩格斯全集》第42卷，人民出版社1979年版，第86页。

会劳动的相互关系状态和人的自由的实现程度的不同，我们可以把整个社会的发展理解为广义的封建制社会、现代资本主义社会和共产主义社会这三种形态的辩证运动。当然，相关的论述还是不系统的、不明确的。在这时期，马克思唯物史观还没有正式形成，主要地受一种人本主义异化史观的影响，三种社会形态的演进也不可避免地受一种非历史的人本学逻辑的内在制约，表现为马克思的一种不明朗和不自觉的社会形态思想。所以，我们就把这些内容称为三大社会形态理论的最初的萌芽。

二、《德意志意识形态》中三大社会形态理论的发展

在马克思思想不断发展的过程中，1846年发表的《德意志意识形态》是一部具有里程碑意义的著作，它的发表标志着马克思新世界观的正式形成。在这篇著作中，马克思第一次系统地阐述作为新世界观的实践唯物主义和唯物史观。在马克思对唯物史观的那些论述中，我们可以找到三大社会形态理论的胚子。

马克思对唯物史观基本原理在《德意志意识形态》中描述简单归纳如下：不是意识决定生活，而是生活决定意识。之所以这么说，是因为"现实的个人"是历史的出发点，人民是历史的创造者，而个人的物质生活的生产活动决定着他们成为什么样的个体，我们知道物质生活的生产状况与生产力水平和个人之间的社会交往形式（即所有制形式）紧密相关，甚至可以说是后者决定前者。进行生产活动的个人必然与他人产生一定的社会关系和政治关系。人们的物质生产和物质交往活动不仅改变自己生存的状态，也改变了自己的思维方式。马克思除了描述自己唯物史观的基本原理之外，还分析了以费尔巴哈和青年黑格尔派为代表的德意志意识形态的现实基础，结果他发现他们的现实基础就是上文提到的现代资本主义社会的分工、生产力、交往、生产工具、所有制等东西。根据以上的分析，马克思发现了现代资本主义社会和它之前的社会的根本区别，同时还发现这些论述和《1844年经济学哲学手稿》中的相关论述以及后来三大社会形态理论的明确论述都是一脉相通的。

马克思在研究现代资产阶级社会的交往和生产力状况

时，不得不提到大工业的影响。他认为大工业使各个国家的联系日益紧密，整个世界成为统一体，同时消灭了以往自然形成的一些国家的孤立状态，开创了整个世界的历史。大工业也使一些新型现代化大工业城市如雨后春笋般建设起来，而以前自然成长起来的城市将逐渐被代替。"它使商业城市最终战胜了乡村。""大工业到处造成各阶级间大致相同的关系，从而消灭了各民族的特殊性。"①通过上述的描述，我们可以看到现代资本主义社会和它之前社会在交往和生产力上面的根本区别，二者的区别在于形成的原因不同。也就是说，以往社会的交往和生产力形态都是"自然形成"的，而现代资本主义社会的交往和生产力形态则是破坏这些自然形成的状态的结果。

马克思在研究现代社会的生产工具形态和所有制形式的关系时，他明确区分了"自然产生的生产工具"和"文明创造的生产工具"这两种工具形态之间的差异。二者差异表现在：第一，所受支配方式不同。在前一种情况下，个人受自然界的支配；在后一种情况下，他们则受劳动产品的支配。

①《马克思恩格斯选集》第1卷，人民出版社1972年版，第67页。

以财产（地产）为例，在自然产生的生产工具情况下，它表现为直接的、自然产生的统治，而文明创造的生产工具情况下，它表现为劳动的统治，特别是受资本的统治。第二，联系方式不同。前一种情况的前提是人们通过某种联系——家庭的、部落的或者甚至是地区的联系而结合在一起；后一种情况的前提是人们通过交换联系在一起。第三，交换对象不同。在前一种情况下，是人和自然之间的进行的交换；而在后一种情况下，是人和人之间所进行的交换。第四，体力活动和脑力活动是否分工。在前一种情况下，只要具备了普通常识，二者还完全没有分开；而在后一种情况下，二者必须实行分工。第五，个人之间是否需要分工。在前一种情况下，存在着一种小工业，但这种工业是受对自然产生的生产工具的使用所支配的，因此这里没有不同个人之间的分工；在后一种情况下，工业以分工为基础，而且只有依靠分工才能存在。通过上述的论述，在以"自然产生的生产工具"和"文明创造的生产工具"为标志的生产力水平下，我们看到了相应的物质交往形式、社会交往形式和社会分工等方面在二者中不同的表现，它们体现的是个人劳动和社会劳动相互关系的不同状态。从唯物史观的意义来说，这些差别的存在意味着两种完全不同的社会形态的存在，我们可以根据马克思的表述把它们分别称为"自然产生的社会"和"文明创造的社会"。

马克思在《德意志意识形态》中，除了论述了"自然产生的社会"和"文明创造的社会"，他也论述了未来共产主义社会的一些基本特征。在共产主义社会，每个人将会成为社会的主人，人们不再受分工和私有财产的统治，社会的财富归全体人民共同占用，按照人们的需求进行分配。到那时，人们的劳动转化为自主活动，劳动成为一种自觉的行为，人的活动不局限于特定的范围，可以在任何部门发展，最终实现人的全面发展。未来的共产主义社会"是个人的这样一种联合（自然是以当时已经发达的生产力为基础的），这种联合把个人的自由发展和运动的条件置于他们的控制之下"。从而使个人获得全面发展其才能的手段，真正地实现个人的个性和自由。①因此，这一社会可以称之为"自主活动

---

① 《马克思恩格斯选集》第1卷，人民出版社1972年版，第37—75页。

的社会"或是"自由个性的社会"。由此，我们可以把整个人类社会的发展看作由"自然产生的社会"到"文明创造的社会"再到"自主活动的社会"或"自由个性的社会"的依次演进的过程。

根据上述内容的描述，我们不仅可以看出马克思在《德意志意识形态》中对三大社会形态理论的描述更加的明确和清晰，而且也可以看出马克思是站在唯物史观的基础之上对三种社会形态的基本特征以及演进关系进行说明的。同时，更令人敬佩的是，马克思否定了自己原来的人本主义异化史观。坚持人本主义异化史观的人用抽象的理想之"人"去"代替过去每一历史时代中所存在的个人，并把他描绘成历史的动力。这样，整个历史过程被看成是'人'的自我异化过程，实际上这是因为，他们总是用后来阶段的普通人来代替过去阶段的人，并赋予过去的个人以后来的意识。由于这种本末倒置的做法，即由于公然舍弃实际条件，于是就可以把整个历史变成意识发展的过程了"。马克思反对这种观点，他第一次根据生产力、生产关系、人们的物质交往关系和精神交往关系、个人的能力和自由等之间的辩证运动，同时从个人劳动和社会劳动的相互关系的角度，用三大社会形态的演进来说明历史发展的一般性规律。因此，我们可以看到，在《德意志意识形态》中，马克思首次在唯物史观的基础上阐述三大社会形态理论。当然，和《1857—1858年经济学手稿》相比，三大社会形态理论还没有完全形成，因为马克思此时还没有明确提出"第一"、"第二"、"第三"的序列和"社会形态"的范畴，也没有系统地归纳和概括各个社会形态基本特征，也没有把三种社会形态论述为统一体。所以，这些内容还只能看作是三大社会形态理论的一个胚子。

三、《1857—1858年经济学手稿》中三大社会形态理论的正式提出

当马克思在《莱茵报》工作期间，他不得不面对要对物质利益发表意见难题，这便促使他第一次集中地研究政治经济学。《1844年经济学哲学手稿》和《德意志意识形态》便是这时期他的研究成果，与此同时，马克思的唯物史观在这一时期正式创立。然而，1848年，欧洲爆发无产阶级革命，

马克思亲身参与其中，因此，他的研究也被打击。我们知道革命失败后，马克思过上了流亡的生活，因为他遭受到了各国政府的驱逐。几经周转，他于1849年秋，辗转来到伦敦，此后一直侨居于此。在伦敦，马克思重新开始了对政治经济学的研究。这次研究他充分利用大英博物馆图书馆的有利条件，查阅大量相关文集，并且是在唯物史观的指导之下进行的，这次的研究比第一次要更为系统和全面，取得了巨大的研究成果。《1857—1858年经济学手稿》便是这次研究成果之一，而且这次研究成果中大部分内容都出现在了后来正式出版的《资本论》中。也正是在这部手稿中，马克思第一次明确、完整地提出了三大社会形态理论。在《1857—1858年经济学手稿》中，马克思写下了这样一段话："人的依赖关系（起初完全是自然发生的），是最初的社会形态，在这种形态下，人的生产能力只是在狭窄的范围内和孤立的地点上发展着。以物的依赖性为基础的人的独立性，是第二大形态，在这种形态下，才形成普遍的社会物质变换、全面的关系、多方面的需求以及全面的能力的体系。建立在个人全面发展和他们共同的社会生产能力成为他们的社会财富这一基础上的自由个性，是第三个阶段。第二个阶段为第三个阶段创造条件。因此，家长制的，古代的（以及封建的）状态随着商业、奢侈、货币、交换价值的发展而没落下去，现代社会则随着这些东西一道发展起来。"[1]以上这段话标志着马克思社会发展"三形态"理论的正式形成。与三个阶段相对应的是自然经济、商品经济、产品经济，社会形态由低级到高级不断地发展。"三形态"学说具体内容将在第二章进行详细地阐述。值得一提的是，三大社会形态理论是马克思在相对成熟的理论研究时期明确提出的，它的基本内容在《资本论》中也仍然被保留了下来，所以，它不是马克思在手稿中随便提及的东西，而是反映了马克思的成熟的思想。

综上所述，从《1844年经济学哲学手稿》中三大社会形态理论的萌芽到《1857—1858年经济学手稿》中三大社会形态理论的正式提出，三大社会形态理论不断发展的过程中也伴随着唯物史观的萌芽、创立和科学的阐释与运用，二者过程几乎是同步的。通过这个过程，我们知道马克思的一贯主

---

[1] 《马克思恩格斯全集》第46卷（上），人民出版社1979年版，第104页。

张——用三大社会形态的依次演进来说明社会发展的一般规律，这种观点在马克思思想发展的不同阶段有不同的表述方式，而三大社会形态理论则是他在唯物史观的基础上对三大社会形态依次演进这一历史规律的科学阐述。

第二节　"三形态"学说理论的进一步发展

一、马克思后期人类学思想和《给维伊查苏利奇的复信》中对"三形态"理论的进一步说明

在马克思晚年对人类学的研究中发现在"前资本主义社会"之前，事实上还存在一种所有制，即氏族社会的所有制。这种所有制中没有剥削没有阶级，是完全意义上的公有制社会。马克思将这样的社会形态命名为公社的"原生形态"，而把原先提及的"亚细亚的"、"古代的"和"旧日尔曼的"三种所有制形式，命名为由"原生形态"演进的"次生形态"。在《给维伊查苏利奇的复信》中，马克思进一步阐述了这种观点，基于生产关系中在重要组成部分所有

制关系，又重新提出了原生形态、次生形态和再次生形态的三形态学说。马克思指出，人类社会的发展，是从古代公社所有制的原生的社会形态，到以私有制为基础的次生的社会形态，再回复到"古代"类型的集体所有制的最高形式的过程。这是人类社会发展进程的三个大的阶段，就是原生的社会形态、次生的社会形态、原生的社会形态在新的基础上的复归。马克思在这里提出的社会形态学说是基于历史的社会发展进程来提的一种总体的社会发展态势，是宏观的社会形态范畴。在这三大阶段的具体演变过程中又有不同的变化。例如原生的社会形态，又"有一系列的原生的、次生的、再次生的等类型"，"他们有好多社会结构……标志着依次进化的各个阶段"。而次生社会中也可分为奴隶社会和封建社会等不同的阶段，而对于最后的复归社会形态，虽然马克思没有明确地指出具体的社会形态的名称，但在其他的文献论述中我们不难推断出其终极的社会形态指的就是共产主义形态。

二、《资本论》中的"三形态"理论

在《资本论》中"商品拜物教"一节中，马克思从剖析价值形式的本质入手，把整个人类社会分为了三个阶段：直接的社会关系，物化的社会化关系，自由人的联合体。这些基于三形态理论所提出来的依据不同条件划分的社会形态中，都或多或少的体现了"三形态"理论的影子又或者是对"三形态"理论的拓展性描述。

马克思在这一节中指出，在欧洲昏暗的中世纪，"我们看到的，不再是一个独立的人了，人都是互相依赖的：农奴和领主，陪臣和诸侯，俗人和牧师。物质生产的社会关系以及建立在这种生产的基础上的生活领域，都是以人身依附为特征的。"但是正因为人身依附关系是构成该社会的基础，劳动和产品也就用不着采取与它们的实际存在不同的虚幻形式。在这里，劳动的自然形式、劳动的特殊性是劳动的直接社会形式。徭役劳动同生产商品的劳动一样，是用时间来计量的，但是每一个农奴都知道，他为主人服役而耗费的是他个人的一定量的劳动力。交纳给牧师的什一税，是比牧师的祝福更加清楚的。所以，无论我们怎样判断中世纪人们在相互关系中所扮演的角色，人们在劳动中的社会关系始终表现为他们本身之间的个人关系，而没有披上物之间即劳动产品之间的社会关系的外衣。

要考察共同的劳动即直接社会化的劳动，农民家庭为了自身的需要而生产粮食、牲畜、纱、麻布、衣服等，那种农村家长制生产就是一个例子，对于这个家庭来说，这种种不同的物都是它的家庭劳动的不同产品，但它们不是互相作为商品发生关系。生产这些产品的种种不同的劳动，如耕、牧、纺、织、缝等，在其自然形式上就是社会职能，因为这样一个家庭的职能，这个家庭就像商品生产一样，有它本身的自然形成的分工。家庭内的分工和家庭各个成员的劳动时间，是由性别年龄上的差异以及随季节而改变的劳动的自然条件来调节的。但是，用时间来计量的个人劳动力的耗费，在这里本来就表现为劳动本身的社会规定，因为个人劳动力本来就只是作为家庭共同劳动力的器官而发挥作用的。

使用物品成为商品，只是因为它们是彼此独立进行的私人劳动的产品。这种私人劳动的总和形成社会总劳动。因为生产者只有通过交换他们的劳动产品才发生社会接触，所以，他们的私人劳动的独特的社会性质也只有在这种交换中才表现出来。换句话说，私人劳动在事实上证实为社会总劳动的一部分，只是由于交换劳动产品之间、从而使生产者之间发生了关系。因此，在生产者面前，他们的私人劳动的社会关系就表现为现在这个样子，就是说，不是表现为人们在自己劳动中的直接的社会关系，而是表现为人们之间的物的关系和物之间的社会关系。

马克思还设想有一个自由人联合体，他们用公共的生产资料进行劳动，并且自觉把他们许多个人的劳动力当作一个社会劳动力来使用。在那里，鲁滨逊的劳动的一切规定又重演了，不过不是在个人身上，而是在社会范围内重演。鲁滨逊的一切产品只是他个人的产品，因而直接是他的使用物品。这个联合体的总产品是一个社会产品，这个产品的一部分重新用作生产资料，这一部分依旧是社会的，而另一部分则作为生活资料由联合体成员消费。因此，这一部分要在他们之间进行分配。这种分配的方式会随着社会生产有机体本身的特殊方式和随着生产者的相应的历史发展程度而改变。仅仅为了同商品生产进行对比，我们假定，每个生产者在生活资料中得到的份额是由他的劳动时间决定的。这样，劳动时间就会起双重作用。劳动时间的社会的有计划的分配，调节着各种劳动职能同各种需要的适当的比例。另一方面，劳动时间又是计量生产者在共同劳动中个人所占份额的尺度，因而也是计量生产者在共同产品的个人可消费部分中所占份额的尺度。在那里，人们同他们的劳动和劳动产品的社会关系，无论在生产上还是再分配上，都是简单明了的。

由以上描述，我们可以看出，三大社会形态理论是马克思关于社会历史发展规律的一种占主导地位的一贯思想。早在唯物史观的萌芽时期，三大社会形态理论的思想就已经可见一斑了，随着唯物史观的创立和成熟，一二大社会形态理论的思想也不断明确起来，并得到了准确的说明和运用，而在马克思晚年对唯物史观的发展和完善中，三大社会形态理论也同时得到了发展和完善。

除了三大社会形态理论之外，马克思还根据唯物史观的基本原理提出过其他的一些社会形态说（历史分期说），它们和三大社会形态理论都是马克思在不同时期，按照不同的内容，在不同的层次上所提出的，各有各的适用对象和运用范围，不能撇开具体条件简单地说其中哪一种更科学，哪一种更不科学。大致而言，在马克思的社会形态理论中存在着两条逻辑线索，一条是客观描述的逻辑线索，它视社会历史发展为自然历史过程，着重从生产方式、社会经济形态、所有制形式、阶级关系等客观的社会结构形式上去说明社会形态的演进和历史发展的规律。另一条是客观描述和主体能动性相结合的逻辑线索，它在把历史发展视为自然历史过程的同时，也把历史发展视为现实中的人通过历史创造活动，实现自己的自由个性和全面发展的过程，因此，除了生产方式、社会经济形态、所有制形式、阶级关系等客观的社会结构形式之外，它还要从人尤其是个人的生存状态（个人与自然及社会的关系状态）、他的劳动的实现形式、他的自由个性的发展状况等主体能动性方面去说明社会形态的演进和历史发展的规律。相对而言，第二条逻辑线索的描述要比第一条更为全面，但二者之间不存在孰优孰劣的问题，它们在不同的情况下所起的作用是不一样的，马克思是根据特定的理论需要来强调和运用其中的某一条逻辑线索的。

简而言之，体现着客观描述的逻辑线索的社会形态说是：各个时期的五形态说、把社会划分为对抗性的史前社会和非对抗性的真正人类社会的二形态说、把社会划分为原生形态、次生形态和再次生形态的三形态说等。其中的二形态说和三形态说是对五形态说的更高层次的概括，二形态说进一步把资本主义社会及其以前的各种社会概括为存在着阶级斗争的对抗性的史前社会，把未来共产主义社会理解为消除了阶级对抗的真正的人类社会；而三形态说则把原始公有制社会理解为原生形态的社会，把各种私有制社会（包括奴隶社会、封建社会和资本主义社会等）进一步概括为次生形态的社会，把未来共产主义的公有制社会理解为再次生形态的社会。因此，它们比五形态说具有更高的概括性和抽象性。但二形态说中对原始社会的理解是不准确的，三形态说可以看作是对它的修正。

我们知道，体现着客观描述和主体能动性相结合的逻辑线索的社会形态说是：各个时期的三大社会形态理论、把社会划分为必然王国阶段和自由王国阶段的二形态说等。其中的二形态说是对三大社会形态理论的更高层次的概括，即把三大社会形态理论中的第一大社会形态和第二大社会形态进一步概括为必然王国的社会，把未来共产主义社会理解为自由王国的社会，因而具有更高的概括性和抽象性。

第三节 "三形态"学说理论对其他理论的借鉴

一、黑格尔辩证法的启示

马克思的哲学直接的理论来源是德国古典哲学，马克思本人公开承认自己是黑格尔的"学生"，马克思拯救了黑格尔辩证法中的"合理内核"。大体说来，人们公认马克思对黑格尔哲学的继承主要就是在辩证法方面，即把黑格尔头足倒立的唯心主义辩证法颠倒过来，使之立足于唯物主义的基础上。黑格尔认为整个世界，包括物质和精神世界都是一个不断运动、发展、变化的过程，系统地阐述了矛盾是事物运动和发展的源泉。他还认为辩证法是以全面的、联系的、发展的角度来认识问题，而形而上学是以片面的、孤立的、静止的角度来认识问题。对此，马克思曾说："他第一个全面的有意识的叙述了辩证法一般运动形式。"我们知道"绝对观念"贯穿了黑格尔的哲学的始终，黑格尔认为在人类出现之前，世界上已经存在一种精神或者理性，被称为"绝对观念"。它是在不断地运动和发展，逻辑阶段是它的第一阶段，此阶段是指人类社会和自然产生以前的阶段，具体表现为纯粹抽象的概念和范围在不断地发展变化；后来，"绝对观念"不仅否定它自身而且向着反方向发展，具体表现从思维"外化"为自然界，因而进入自然阶段，自然阶段是它的第二阶段；在人类出现后，"绝对观念"到达精神阶段，精神阶段是它的第三阶段。在此阶段，它相适应精神形式取代了自然物质形式，通过艺术、宗教、哲学的表现，"绝对观念"被完全认识了。尽管黑格尔的哲学是唯心的，但在他的哲学中包含着非常丰富的"合理内核"——其辩证法。

马克思继承了黑格尔辩证法的什么呢？正如马克思所说："黑格尔的《现象学》及其最后成果——作为推动原则和创造原则的否定性的辩证法——的伟大之处首先在于，黑格尔把人的自我产生看作一个过程，把对象化看作失去对象，看作外化和这种外化的扬弃；因而，他抓住了劳动的本质，把对象性的人、现实的因而是真正的人理解为他自己的劳动的结果。"

我们知道黑格尔的"否定性的辩证法"，也被称为"消极辩证法",是属于逻辑学辩证发展的第二个大的阶段——"消极的理性"。它高于逻辑学辩证发展的第一个阶段——"知性",而低于逻辑学辩证发展的第三个大阶段——"积极的理性"。它是从"存在论"进入了"本质论",但没有进入统摄一切的"概念论"。在《精神现象学》中,这一套程序也是适用的,简单地说,就是用积极的理性克服了消极的理性的那种躁动不安,从而使矛盾得到调解(合题)。为什么马克思却独独把这个环节从黑格尔的程序中挑出来呢?因为他认为《精神现象学》的"最后成果"不在于他的积极理性或积极的辩证法,而在于他的消极理性或消极辩证法。他还从中引出"人的自我产生"和"劳动的本质"。马克思认识人作为主体性在社会形态发展中所发挥的巨大的历史作用,从而为马克思社会发展的"三形态"理论奠定了理论基础。

众所周知,恩格斯曾把黑格尔哲学的"合理内核"归于其体系的中间环节,并且高度地评价了黑格尔哲学的"合理内核"。正如他曾说:"黑格尔哲学(我们在这里只限于考察这种作为从康德以来的整个运动的顶峰的哲学)的真实意义和革命性质，正是在于它永远结束了认为人的思维和行动的一切结果具有最终性质的看法。"从这段话中，我们可以看出恩格斯的观点与马克思的观点是完全一致的。他们都强调黑格尔辩证法的意义只是在有关"人的思维和行动"方面表现出来，换句话说，具体表现在人的思维和行动的自发性、能动性和历史性，它没有终点，而是不断地超出自身、否定自身。我们知道"劳动"是人的思维和行动的统一，这意味着，"劳动"具有这种性质，马克思所说的"自由自觉的生命活动"就是指它，而且它也是人区别于动物的最根本的特征。虽然我们可以说他们抛弃了黑格尔的体系，但是不能说他们完全抛弃了黑格尔的"积极的（肯定性的）辩证法"。这是因为他们把这一环节看作了否定性的辩证法自身的一个必要环节，或者说看作了一个临时的调解性的环节，而不再是一切辩证进展的最终归宿。由此，我们可以看到否定性的辩证法，是在自身的否定性中看出了肯定的、积极的意义而已，这样它才能够产生积极的成果，但绝不可能是"最终成果"。肯定的环节永远不能阻挡否定性的环节继续向前突进的力量和倾向，而只能帮助它凝聚起自己的这种力量，这就是自由的力量。

从上段的描述中，我们知道"劳动"是人的思维和行动的统一，是人区别于动物的最根本的特征。人具有思维和能动性，而动物没有。动物面对外部条件时，它只有本能的反映，而没有意识。动物同自己的生命活动是直接同一的、不可区分开来的，动物的生命活动是没有意识的。相反，人能把自己的生命活动本身变成自己的意志和意识的对象，人的生命活动是有意识的。既然这样，我们有个疑问，在马克思看来，黑格尔辩证法的意义和价值是否仅仅在有关人的哲学，或者说只涉及人和由人所组成的社会才存在呢？在某种程度上确实是这样的。我们所称呼的"自然辩证法"，或者"辩证唯物主义"，如果离开人而存在，仅仅被理解为自然界（客观世界）本身的某种客观规律，那是没有任何意义的。其实，马克思和黑格尔所理解的辩证法，从本质上看就是历史辩证法、实践辩证法、人学辩证法。所以我们经常听到马克思在谈到黑格尔辩证法的"伟大之处"时，就特别强调"人的自我产生"的"过程"，即通过对劳动的分析而发现的人的本质的异化和异化的扬弃过程。如果离开人的活动、人的历史、人的自由历程来谈"辩证法",那么在黑格尔和马克思看来都只能是无稽之谈。马克思提出了三大社会形态理论,他认为第一形态是人的依赖关系(起初完全是自然发生的);第二形态是以物为基础人的独立性;第三阶段是建立在个人全面发展和他们共同的社会生产能力成为他们的社会财富这一基础上的自由个性。人类的社会发展是个历史的过程,在以人作为实践的主体并充分发挥人的能动作用,使人类社会由低级到高级阶段的不断发展。因此,我们知道黑格尔的辩证法对马克思社会发展"三形态"理论具有重大的启示。

"三形态"学说继承了黑格尔否定的辩证法的观点,黑格尔辩证法的否定观如下:

第一,黑格尔所谓的"否定"是"辩证的否定"、"具体的否定"。这种否定与形而上学所讲的"抽象的否定"正相对立。"抽象的否定"是消极的否定,是对肯定的简单抛弃,否定的结果只能是完全消灭,完全虚无。黑格尔认为辩证思维所要把握的否定不是独立自存的、完全排斥肯定的否定,而是在否定之中包含有肯定的东西,他赞同普罗克洛对否定的看法："否定并不取消它所谓的东西（内容），而乃是根据它的对立以产生各个规定。"所以说"这种否定性不应当了解为一种简单的缺乏，反之，否定性也包含着肯定的特性"[①]。可以说否定就是肯定，"否定的东西也同样是肯定的"；否定并非全盘否定，"而是规定了的否定，于是在结果中，本质上就包含着结果所从出的东西"。[②]列宁肯定黑格尔这一辩证的思想，指出："否定是某种规定的东西，具有规定的内容，内部的矛盾使旧的内容为新的更高级的内容所代替。"

黑格尔把这种"辩证的否定"称为"扬弃"，不能把"扬弃"看成是单纯的"取消"、"舍弃"、或是单纯的"保持"、"保存"。黑格尔认为"扬弃"是"舍弃"与"保存"、"肯定"与"否定"的辩证统一。它一方面是新事物否定旧事物，但不是把旧事物彻底消灭，不是否定一切，只是抛弃旧事物中的片面性、直接性，也就是消极的因素。另一方面，新事物中保存着旧事物，也不是把旧事物原封不动、不加

---

① 黑格尔：《逻辑学》上卷，商务印书馆1966年版，第36页。
② 黑格尔：《哲学史演讲录》第3卷，商务印书馆1983年版，第212页。

改造或批判地全盘保存下来，更把旧事物兼收并蓄全部纳入新事物之中，这样只能是简单重复，而是把旧事物中的积极的合理的因素作为新事物的一个构成环节，保存于新事物的进一步发展之中，使旧事物在内容上得到提高和发展。所以"扬弃"是事物发展中，新事物与旧事物之间的联系和继承的环节，起了一种推陈出新、继往开来的作用。经过"扬弃"新事物从旧事物中产生出来，但在新事物对旧事物的否定中包含着旧事物，是对旧事物的发展。列宁指出，辩证的否定是"作为联系的环节、作为发展环节的否定，是保持肯定的东西的、即没有任何动摇、没有任何折衷的否定"。

第二，"辩证的否定"是一种"内在的否"。否定是肯定自身所固有的，是内在于肯定自身中的否定。因为肯定不能离开否定而独立自存，单纯的肯定是没有规定的，也就无所肯定，在其肯定的规定中，同时袭取否定的规定如果不在自己本身中具有内在矛盾，那么它就不是一个生动的统一体。所以必须把否定看成是构成肯定的内在环节，这样的肯定才是具体的、有规定性的。黑格尔认为任何事物的规定性都不是永远不变的、僵死的、同一的，而是对立面的统一。

黑格尔认为，"内在的否定"是在一种不可遏止、纯粹的、无求于外的过程中完成的，是概念自身的"内在的超越"，它与形而上学的抽象思维所谓的"外在的否定"是根本对立的。黑格尔指出这种"否定"是一种以"主观欲望为根据"，完全是"外在的、否定的行动"，而不是概念自身所固有的，其结果只能是虚无的。所以他主张"否定"只能是"概念自身所固有的，这个否定的东西构成真正辩证的东西"。例如"现象"之所以能否定"本质"，使"本质"转化为"现象"，并不是借助于在"本质"之外，与"本质"自身无联系的外在力量所引起的，而是由于"本质"自身之中就包含着与自己相对立的否定因素"现象"，所以"本质"才能转为"现象"。所以黑格尔特别强调内在的否定性在辩证法中的特殊地位和作用，认为它是"形成概念运动中的转折点。这个否定是它自身否定关系的一个单纯之点，是一切活动的内在源泉，是辩证法的灵魂，而所有真理的东西本身都包含有这种辩证法的灵魂"。

第三，黑格尔认为，内在的否定性之所以产生，正是由于概念自身之中内在地包含着差别，对立双方的内在矛盾和斗争发展的必然结果。按照黑格尔的规定，具体概念都是包含有差别和对立于自己本身内的东西。任何概念自身之中都包含有肯定和否定两种对立的因素，肯定和否定是相互依存于矛盾统一体中的两个方面，二者都是概念自身所固有的。所以说，肯定和否定两个对立因素构成矛盾的真正内容。有一种看法把黑格尔所讲的矛盾的真实内容单纯归结为自身的否定。这是不合黑格尔的原意的，因为黑格尔所说的否定不是孤立自存的东西，它自身就包含有自己的对立面，否定只是矛盾性的一个重要方面。黑格尔认为只有把肯定和否定结合一起，事物才能有生命力，因为"一切现实之物都包含有相反的规定于自身"。因此他主张必须把包含着对立双方的内在矛盾看成是一切事物的本质。还有一种观点认为，否定是比矛盾更为本质的东西，矛盾的本质就是否定。事实上，黑格尔强调的是"一切事物本身都自在地是矛盾的这个命题比其他命题都更能表述事物的真理和本质"。基于这种看法，他提出认识内在矛盾是一切对象的本质乃"哲学思考的本原"，因为真理的认识就在于从对立面的统一、内在矛盾中去把握事物运动、变化和发展的内在必然性，这是黑格尔辩证法思想的实质之所在。

因此，黑格尔认为概念自身包含着肯定与否定对立双方的内在矛盾，这是推动概念运动、变化和发展的源泉。他说："有限事物本来以它物为其自身，由于内在的矛盾，而被迫超出当下的存在，因而转化到它的反面。"有的同志认为，黑格尔主张"否定是运动的源泉"，"自身的否定是发展的动力，也是事物自己运动的源泉。"恰恰相反，黑格尔明确地提出："矛盾则是一切运动和生命力的根源；事物只因为自身具有矛盾，它才会运动，才具有动力和活动。"恩格斯在《自然辩证法》中指出，自然界中自身对立力量的统一、斗争和转化，即内在的矛盾性乃是自然界运动、变化和发展的内在根据。列宁说："要认识世界上一切过程的'自己运动'、自生的发展和蓬勃的生活，就要把这些过程当作对立面的统一来认识。"这就是说，必须把对立面的统一即矛盾性看成是"自己运动"的源泉、动力和原因。

第四，"辩证的否定"是"否定之否定"，它是指概念的整个辩证进程，即从肯定到否定再到否定之否定的两次否定（转化）的过程。概念发展的整个过程必须经过两次否定才能实现。黑格尔认为，由"肯定"（正）到"否定"（反）是第一次否定。在这个阶段里，只是指明了概念的差别、联系和转化。黑格尔指出："任何一个最初的、直接的概念，它既是自身又是别一概念，在前进运动中它将立刻转化为别一概念，否定了自身。所以否定（转化）是内在矛盾进展的必然结果。但是，通过第一次否定，思维只是把'否定'（反）看成是'肯定'（正）的绝对对立物。这种'否定'（反）只是对'肯定'（正）的'单纯的否定'。""单纯的否定"正像磨碎了麦粒、踩死了昆虫一样，这就排斥了发展，使第二次否定不可能发生，那就无法实现发展的整个过程，于是无法真实地把握概念的内在联系和规律。黑格尔认为，概念的发展不能停留在这种片面的"否定"上，因为"前进并不在于仅仅推演出一个他物，或过渡为一个真正的他物；而且只要这种过渡一发生，这种前进也便同样又把自己扬弃了"。^①不过，黑格尔认为第一次否定也是概念辩证发展过程中的必然环节，如果没有经过第一次否定，也不可能出现第二次否定。但它必须通过否定自

---

① 黑格尔：《逻辑学》上卷，商务印书馆出版1966年版，第56页。

身的否定,使肯定与否定达到辩证的统一,才能完成概念发展的一个过程。由"否定"(反)到"否定之否定"(合)是第二次否定,"否定之否定"(合)是对"否定"(反)的进一步否定,使"否定"重新"回复"到"肯定",但这个"回复"不是对"肯定"的循环,而是在更高基础上的重复。

马克思在《1844年经济学哲学手稿》中说:"黑格尔把人的自我产生看作一个过程,把对象化看作失去对象,看作外化和这种外化的扬弃。"他对此继承黑格尔辩证法,后来他提出了三大社会形态理论,他认为第一形态是人的依赖关系(起初完全是自然发生的);第二形态是以物为基础人的独立性;第三阶段是建立在个人全面发展和他们共同的社会生产能力成为他们的社会财富这一基础上的自由个性。同时他指出人的发展三阶段也是一个"否定之否定"的过程。人的发展在第一形态,即在前资本主义社会。人都是相互依赖的,人得到很少发展,人与人之间没有分化和巨大的差别,这种人的发展状况就好比一张白纸,但却为后来画上最美的图画奠定了基础,这是第一次否定的前提。人的发展进入第二形态，即在资本主义社会。人的发展获得了巨大发展和新质，并对第一形态下的旧质进行了否定，但是这种发展是片面的，就好像是一张单色的画。在这种形态下人的关系被物化了，在物主宰着一切的基础上，人的独立性和自由性得到了一定的发展，但是这种发展是人以一种被物所扭曲的形式存在的，同时在发展过程中积累着否定自身的因素。经过第二次否定资本主义形态下片面发展的人，人的发展进入第三形态，即在共产主义社会。人实现了自由、全面、和谐的发展，人的发展实现了充分的自由、全面的丰富、和谐的统一，这就好比是一张丰富多彩且和谐的画。因此，我们可以说马克思"三形态"理论继承了黑格尔"否定之否定"的规律。

二、马克思关于社会历史进步的观念

（一）马克思主义社会进步史观

在19世纪中期，马克思创立了社会进步史观。随着科学研究的深入与革命斗争的发展，它也得到了逐步的完善。它不仅具有深刻的科学性和预见性，而且是马克思唯物主义历史观的一个重要组成部分。马克思主义社会进步史观的主要内容包括如下几方面：一是它的出发点是人类活动。二是它的基本线索是必然与自由的矛盾运动。三是它的理论核心是人类的解放和发展。四是它的基本动力是生产力与生产关系的矛盾运动。

马克思主义进步观的出发点是人类活动。人民群众是历史的缔造者，社会的发展离不开人类活动，只有在人类活动中才能解释社会进步及其历史发展。人类在面对残酷的自然界时，为了生存和发展，人不得不通过劳动实践和思维活动来改造自然和利用自然，用来满足人类日常的吃、穿、住、行等生存需求。人在改造自然的过程中建立了社会，社会是由人通过劳动实践及其基础上的交往活动与思维活动创造的。人类为了更有效率的改造自然，在劳动实践的基础上，运用自己的思维智慧制造与使用劳动工具，用来引起、调整并控制人与自然之间物质、能量与信息的交换，使客观自然能更好为人类服务，以便创造出物质生活条件、生产力等。我们知道一个人的力量是渺小的，无法与自然界相对抗。但是，人通过一定的社会关系结合成一个集体，以社会的力量去改造自然。整个社会力量也可以更好弥补个人生理能力的局限，也使人的存在方式超越了一般动物的存在方式。一定数量的个人在空间上的共同存在与共同活动，不仅是劳动实践活动得以进行的必要条件，而且是社会交往活动的本质规定。

如果说人类活动所建立的社会是社会进步的现实承担者与重要载体，那么人类活动外化与内化的结晶就是社会进步的具体表现形式。这表明了人类活动与社会进步在同时态结构中有着本质联系。社会进步作为人类活动推动下社会整体在性质、结构与功能诸方面的跃进状态，不仅以社会客体的创新为标志，而且也以社会主体的发展为表征。

我们知道人是具有思维的，是具有能动性的。人类有目的的活动不仅创造了人本身，也创造了人类历史。1876年，恩格斯在《劳动在从猿到人转变过程中的作用》一文中，指出人类从动物状态中脱离出来的根本原因是劳动，人和动物的本质区别也是劳动。人类这一智慧的物种的产生是由于劳动实践活动实现了从猿到人的转变。劳动促使古猿的心理不断发生变化，并对周围环境产生出人类意识和萌芽，强化了迫切交往的需要，促使语言产生。由此，我们看到处于发生、发展和演化过程中的劳动创造出了正在形成中的人。劳动又是人与人之间以一定方式结合起来共同活动与互相交换其活动的过程，是人的全部社会关系形成的基础，这就促进了社会交往活动的产生。此外，劳动还是人的有目的、有意识的自觉活动，并以利用语言符号媒介为条件，加之人的大脑在劳动过程中逐步形成，推动着精神文化活动的萌发。因此，以劳动实践活动为主导的人类活动创造了人本身。

随着人的劳动实践活动不断发展，劳动技术和工具也需要不断升级，从而更好地满足人的物质需求，这将导致自然界为人类提供更加适宜的生产环境，同时也创造出日益增长的物质财富与生产力；随着劳动实践活动与物质文化的不断发展，社会交往活动一方面为人类活动的展开创造出一定的社会结合形式，另一方面创造出适应生产力与人的发展要求的社会制度；随着劳动实践活动与社会交往活动的深入，人们的思维也得到不断更新，同时人创造出了丰富多彩的精神文化成果，不断满足人追求真理与意义的精神需求。因此，在人类活动的基础上，人创造环境与环境塑造人构成了社会进步的整体状态。总而言之，人类活动所创造的物质文化、制度文化与精神文化及其成果是社会进步的客体表征，而人类活动及其产物对人的塑造则是社会进步的主体支撑。

每个人不可避免的参加到社会历史活动中来，从事人类活动的人抱着无数不同的目的。在人类活动中，这些相互冲突的无数个别目的有的相互抵消，有的相互形成合力，它们整体的表现形式与过程展开方式便决定了历史演进的方向性。人类历史的发展总是继承、吸收前人的文明成果。新的创造活动把社会进步的累积作为起点与前提，每一代人总要把过去活动的结果转化为主体的实践能力与认识能力，这样就加速了人类活动的运动和增强了人的历史主动性；由于文化的累积与遗传，新的创造活动必然引起形式上的变更与内容上的更新，这不仅使人类文化成果丰富多彩，而且使人类历史的发展在保持连续性与累积性的同时实现质的飞跃。正如马克思所言："历史不外是各个世代的依次交替。每一代都利用以前各代遗留下来的材料、资金和生产力；由于这个缘故，每一代一方面在完全改变了的环境下继续从事所继承的活动，另一方面又通过完全改变了的活动来变更旧的环境。"①这就深刻地指出了社会进步的内在趋势。此外，"一切历史冲突都根源于生产力和交往形式之间的矛盾"的思想说明了进步过程的表现形态及进步的内在动力。同时，恩格斯还提出人类历史进步合力论的思想，也深刻地阐述了社会历史进步的动力机制问题。

综上所述，马克思主义社会进步史观作为唯物主义历史观的一个重要组成部分，它真正符合事实与价值相结合的原理，具有预见性和科学性。它从事实与逻辑角度揭示了人类历史演进的现象。因此，我们必须认清社会进步的内在特征，俄国作家索尔仁尼琴认为："进步观念主要是建立在两个错误估计的基础上的，一是在有限的自然中会有无止境的物质进步，二是物质进步必然导致社会道德的总体提高。"②所以，我们必须在明确社会历史进步这一事实的前提下，来考虑当前的各种社会现象及其本质。

马克思社会历史进步的观点中充分认识到了作为实践主

---

①《马克思恩格斯选集》第1卷，人民出版社1995年版，第88页。

② 郝永平：《进步观念的当代重建》，湖北教育出版社2000年版，第67页。

体的人的作用，在人和社会生产能力层面上规定着人的关系性质及人自身的发展，人的主体性在实践中的能动作用。为马克思"三形态"学说（即人的依赖关系、以物为基础人的独立性到全面自由自觉的人）产生提供了理论背景。

（二）社会历史进步的复杂性

社会历史进步受多种因素的影响，在我国学术界对它的理解和评价产生了不少争论。但有一点是达成共识的，社会历史是不断向前发展的，一些原有的理论也应该得到相应的修正和发展。自从改革开放以来，我国取得了举世瞩目的成绩，经济繁荣，社会稳定，人民安居乐业。但是我国经济、政治和社会改革在进入攻坚阶段的同时也面临着一些问题，正确理解和评价社会进步有着极其重要的作用。我们都知道社会是一个庞大、复杂的系统，对其社会进步进行评价的主、客体及评价中介也具有复杂性，因此，我们要运用复杂性思维方式来研究社会的进步。经济成长的结束可能正是人类转型的开始。因为"物质进步的结束和人类逐渐能够修正自身特质与能力，这两个重大事件都是具有划时代意义的"，并且"物质进步的结束与人类能力的强化都将成为不可避免的趋势"。①换句话说，物质进步在不断向前发展的过程中，它也会促进人类自身潜在特质和内在能力的发展、进步。仔细观察我们会看到，进步在带来物资短缺的同时，也提供了相应的方法来避免或降低物资短缺的可能性。社会历史在取得某一方面的进步时，通常会引起一种复杂的循环现象，而根据社会历史进步的不同表现形态也可以看出其复杂性所在。

社会是一个复杂的有机体，它由各种结构构成。受内部因素和外部因素的双重作用，社会进步的形式不可能是单一的、既定的，而是复杂多样的，同时充满了偶然性。社会进步的形式主要有以下三种：

1. 循序型进步。它是指社会沿着某种方向平稳的向前发展的一种进步形式，这种社会进步在一定的时期内具有稳定性，并且经常发生在一个稳定的社会形态之中。通常在这段时期内，社会进步遵循着生产力决定生产关系、生产关系符合生产力的要求，并促进生产力的发展的原理；还有经济基础决定上

---

① 欧文佩基：《进步的演化》，内蒙古人民出版社1998年版，第24页。

层建筑，上层建筑反作用经济基础的原理。由此可知，社会进步在这时期内的生产力和生产关系、经济基础和上层建筑之间总体上处于和谐的状态中，具体表现在社会的经济、政治、文化处于相对平稳的发展阶段，人与社会也和谐相处，从而保障社会的发展呈现出平稳向上、直线上升的良好发展势头。例如在资本主义社会确立以后，资本主义制度符合资本主义大工业化发展的要求和资本主义的生产方式符合社会生产力的发展要求，从而使得资本主义生产力得到了飞速的发展。

2. 跨越型进步。它是指社会不按照既定的顺序发展，有可能跳跃了某一阶段或某几个阶段的顺序向前发展，是一种超常规的发展形式，但是这种跳跃式的发展也要具备相应的条件才能产生。我们知道事物的发展受内因和外因的双重影响，外因对事物的发展有加速和延缓的作用。由于历史发展中存在着特殊的条件，这就决定了它的发展不是按部就班的，而是充满偶然性、特殊性的。马克思曾把整个社会看作是由原始社会、奴隶社会、封建社会、资本主义社会和共产主义社会五种社会形态依次演进的，但是，我们可以明显的观察到，按照这种顺序依次演进的国家和地区并不多见，其实，有不少国家和地区通过跳跃的方式向前发展了。例如我国没有经历资本主义社会，由封建社会直接过渡到了社会主义社会的初级阶段，呈现了跳跃式的发展形式，这是由于我国特殊的国情决定的，资本主义道路在我国走不通。当然，这并不是说明马克思的五种社会形态理论是错误的，而是充分说明了社会进步的极端复杂性。例如马克思在谈到资本主义生产方式起源的时候，指出了资本主义生产方式是从前资本主义的各种不同的生产方式中产生出来的，其中包括亚细亚的、古代的和日尔曼的所有制形式，而亚细亚的所有制形式无疑是一种非常古老的生产方式。这就是说社会进步的超常规性、跨越性。此外，他对于俄国农村公社跨越资本主义"卡夫丁峡谷"的大胆设想，对经济文化落后国家的跨越式发展至今仍有重要启迪意义。

3. 曲折型进步。它是指社会发展的过程中遇到许多艰难险阻，沿着曲折的道路和途径向前发展的一种进步形式。社会进步是不可阻挡的，然而社会进步从来都不是一帆风顺的，总是要经历许多曲折，出现许许多多的复杂情况。社会的发展进步是曲折前进的，甚至有可能在一定的历史时期内会出现停滞和倒退的现象。这主要是因为社会生活的极端复杂性，而且社会经常通过偶然因素为自己开辟道路。例如，在《德意志意识形态》中，马克思指出在社会生产力水平较低和交往范围有限的情况下，"一些纯粹偶然的事件，例如蛮族的入侵，甚至是通常的战争，都足以使一个具有发达生产力和高度需求的国家处于一切都必须从头开始的境地"[①]。20世纪80年代末期，苏联解体，东欧剧变，国际共产主义运动的发展遇到了巨大的挫折，有些人对社会主义丧失了信心，而我国改革开放以来取得巨大的成就就是对他们最好的回击。出现这种情况，正是因为他们没有看到社会历史进步的曲折性和复杂性。我们知道共产主义制度作为最高级的制度，它的最后胜利必将要经历异常艰难曲折的道路才能最终实现。

通过上文的描述，我们知道社会进步的复杂性有多种多样的原因：一是社会自身的原因——社会是一个由各种结构组成的复杂有机体；二是社会主体的原因；三是社会制度方面的深层原因。我们也知道社会进步往往不是直线上升、一帆风顺的，而是充满曲折的，在一定的历史时期内，社会进步出现停

---

① 《马克思恩格斯选集》第1卷，人民出版社1995年版，第107页。

滞甚至倒退是难以避免的，也是合乎规律的。正如李大钊所说："历史的道路不全是平坦的，有时走到艰难险阻的境界，这是全靠雄健的精神才能够过去的。"对此我们要采取正确的态度。首先，要辩证的看待一时社会的停滞甚至倒退。不要看到一时的社会倒退就从根本上对社会进步持怀疑态度，进而否认了社会进步的总体趋势。这样，我们就犯了历史倒退论主义者的错误。其次，不要试图否认社会进步的复杂性。要认识到社会进步的曲折性和复杂性，要勇于承认和面对一些明显是社会倒退的事件和现象，不要千方百计地试图消解掉社会倒退的内容和千方百计地维护社会进步的正统地位。因此，我们既不做历史悲观主义者，也不做盲目的历史乐观主义者，而是要实事求是地承认社会进步的复杂性，承认社会一定时期出现的停滞和倒退现象，做一个理智的历史乐观主义者。

社会历史的进步具有客观必然性，但同时又具有复杂性、多样性。社会进步是一个自然的历史过程，是人类社会由低级到高级的发展，从原始社会到共产主义社会的一个自然发展过程。社会一般发展的规律正好是对马克思"三形态"理论的证明。

第二章 "三形态"学说的具体内容

第一节 第一个阶段——"人的依赖性社会"

一、第一个阶段的基本特征及其含义

"人的依赖关系"是人类社会发展的最初阶段，其基本特征是"人的生产能力只是在狭小的范围内和孤立的地点上发展着"，我们也可以把它称之为"人的依赖性社会"。

"人的依赖关系"从字面理解是指人对人的最直接的依赖性。这种观点马克思曾在《资本论》中"商品拜物教"一节里得以描述，在整个人类社会发展的最初阶段，"人都是互相依赖的：农奴和领主，陪臣和诸侯，俗人和牧师。物质生产的社会关系以及建立在这种生产的基础上的生活领域，

都是以人身依附为特征的。"这就意味着，在牧师和俗人、诸侯和陪臣、领主和农奴这三对关系中，后者对前者有着最直接的依赖关系；而反过来，前者对后者也有着最直接的统治权力。马克思也说过："无论我们怎样判断中世纪人们在相互关系中所扮演的角色，人们在劳动中的社会关系始终表现为他们本身之间的个人的关系，而没有披上物之间即劳动产品之间的社会关系的外衣。"①生产力落后是形成这种关系的根本原因。由于生产力和科学技术的落后，所以人在大自然面前显得苍白无力，人与人之间是独立的个体只有相互依赖，结成一定规模的共同体，才能在孤立的地点和狭小的空间存活下去。部落、氏族以及其他形式的社会群体充分体现了人类社会第一阶段的发展特征，即人对人的依赖关系。

自然经济占统治地位是人类社会发展的最初阶段，自然产物是人类生存的主要来源，即没有商品交换，自给自足的经济形式。这一阶段其基本特征是：生产是为了直接满足生产者个人或经济单位的需要，而不是为了交换的经济形式。在这种社会经济形态下，"土地财产和农业构成经济制度的

---

① 《马克思恩格斯全集》第44卷，人民出版社2001年版，第95页。

基础"，分工和交换很不发达，基本以自给自足为主。"无论是劳动者的全部活动还是他的全部产品，都不依赖于交换，也就是说，维持生活的农业（或斯图亚特的类似说法）还在很大程度上占优势。"①由此可见，一个社会的生产力水平和社会分工程度决定了它的发展状态。伴随生产力的逐步提高、社会分工的进一步发展，自然经济也会慢慢瓦解，并发展为商品经济。马克思还在三大社会形态的具体论述后面指出，人类社会的第一个阶段会"随着商业、奢侈、货币、交换价值的发展而没落下去"。

二、"人的依赖性社会"具体表现形式

正如马克思所描述的那样，前资本主义社会属于人类社会发展的第一阶段。前资本主义社会有三种所有制形式，即亚细亚所有制形式、古代所有制形式、日耳曼所有制形式，并且这三种所有制形式有一个共同的基础，即自然形成的共同体。所谓自然形成的共同体就是原始部落体。马克思曾明确指出："共同体最初就归结为部落体。"部落体是指以

①《马克思恩格斯全集》第30卷，人民出版社1995年版，第476页。

习惯、血缘关系、语言等因素为中介联系而形成的群体，这种群体最初是四处流动的，游牧，总而言之，迁徙是生存方式的最初的形式。部落体最初并不占有固定的土地，在定居下来之前，原始共同体也会有自己获取生活资料所必需的劳动对象，但是这种劳动对象并不是固定的，而是随着环境的改变而改变的。因此，自然界以无限的形式显现在共同体面前。在这种流动的社会生活中，由于共同体形成的纽带不外有血缘关系、习惯、语言等几个因素，所以不管在西方还是在东方，不管因为自然环境的差异会使得他们的生活习惯和个人体质具有何种程度的不同，但人与人之间相互联系的方式在本质上都是一样的，都是统治和服从的关系。因为在原始社会中，血缘关系是他们形成部落体最核心的因素，而在血缘关系中必然包含了家长式的统治，尽管这种关系是通过十分自然的权威的方式形成的。对于这种自然形成的权威，我们可以称之为内在权威。内在权威是在个人的成长过程中自然而然地建立起来的。只要亚细亚所有制形式、古代所有制形式、日耳曼所有制形式都以自然形成的共同体为基础，那么这种内在权威就是这种社会得以维持的重要因素之一。

但是，以自然形成的共同体为基础，并不等于就是自然形成的共同体本身。部落和以部落为基础而形成的社会是有区别的，我们还需要进一步考察以部落为基础而形成的社会中会有一些什么样的社会关系。

纯粹的部落仅仅是指以血缘关系、语言、习惯等几个因素为中介所形成的社会群体。但只有在人口数量极少、人类生产还不发达的前提下，才会有单一的共同体独自生活在一个封闭的环境中，这种情况确实存在。生产力越是发展和人口越是增加，这种单一的自然共同体就越是稀少。一方面，随着人口的增加会使得原来单一的共同体自身逐渐分裂出新的共同体，从而组成更大的亲缘性的部落和部落联盟；另一方面，不同的共同体之间也有了越来越多的接触，并通过各种不同的途径形成不同共同体之间的混合。在这个时候，整个社会虽然仍然以部落体为基础，但却进入了一个新的社会阶段，我们称之为共同体社会。马克思在谈到原始的和派生的形式时，事实上对两者进行了区分。在谈到奴隶制和农奴制的时候马克思指出："奴隶制、农奴制等总是派生的形式，而绝不是原始的形式，尽管它们是以共同体和以共同体中的劳动为基础的那种所有制的必然的和合乎逻辑的结果。"①农奴制和奴隶制是如何产生出来的呢？马克思还认为："假如把人本身也作为土地的有机附属物而同土地一起加以夺取，那么，这也就是把他作为生产的条件之一而且加以夺取，这样便产生奴隶制和农奴制，而奴隶制和农奴制很快就败坏和改变一切共同体的原始形式，并使自己成为它们的基础。"也就是说，农奴制和奴隶制是从共同体之间的接触和战争中产生出来的。

从马克思的这些叙述中，我们很容易理解，在共同体社会的形成中，不同共同体之间的不平等关系也是通过统治和服从的关系建立起来的。但是这种统治和服从关系是以暴力征服为基础的。因此，马克思在谈到统治和服从关系的时候，曾指出有"家长制的，古代的或是封建的"三种形式。这种通过暴力建立起来的统治和服从关系，我们可以称之为"外在权威"。但不管是外在权威还是内在权威，人与人之间的关系都具有一致性，即一部分人直接依赖于另一部分人。在内在权威中，这种依赖关系是自然发生的；而在外在

① 《马克思恩格斯全集》第30卷，人民出版社1995年版，第485页。

权威关系中，这种依赖关系是通过强制途径建立的。正是在这一意义上，马克思把前资本主义社会统称为"人的依赖关系"社会。

在所有制中，人与人的关系和人与物的关系是结合在一起的。但其结合有两种不同的逻辑秩序。第一种是人与人事先结合在一起形成一个稳定的共同体，然后再以这个共同体为基础来占有财产。部落体及其他占有的财产之间的关系就是这样形成的：部落共同体，即天然的共同体，并不是共同占有（暂时的）和利用土地的结果，而是其前提。在这里，共同体是在占有和利用土地之前形成的，人与物的关系并不直接决定人与人的关系，而是人与人之间联系稳定的基础。不仅自然形成的部落体如此，古代和日耳曼所有制形式中的统治和服从关系也是这种结合形式的表现。在古代奴隶制和日耳曼社会的封建制中，统治和服从关系是通过暴力形成的。统治者先通过暴力迫使其他部落体的成员成为自己的一种财产即奴隶，断绝了这些人与土地之间的天然联系，然后才占有了他们的财产。在这里，只有先征服其他部落，才能够掠夺他们的土地，人与人之间的统治和服从关系同样不是占有财产的结果。人与人的关系和人与物的关系的另一种结合方式则是人通过物而联系在一起。在这样的结合形式中，我们首先要假设人与人之间是彼此孤立和漠不关心的，他们之间的联系需要通过物这一中介来实现。这种结合方式在历史上的基本表现形式就是商品交换。马克思把这种以商品交换为基础而形成的社会称之为物的依赖关系社会。

两种不同的结合形式决定了财产在共同体中的作用是不同的。在前一种结合形式中，财产不过是共同体赖以存在的物质基础，同时又自然而然地成为共同体成员身份和地位的体现。在后一种结合形式中，财产不过是把一些漠不相关的、彼此平等的人联系起来的一个中介。

在马克思看来，由于前资本主义社会中人与物之间的关系都属于前一种结合形式，决定了财产都是公社成员身份和地位的表现。在亚细亚所有制形式中，劳动者并不真正占有财产，一切财产最终都属于最高统治者，个人只是土地的附属物，这里所实行的其实是一种普遍的奴隶制。这些奴隶只有在附属于最高统治者的时候，才能够成为土地的附属物。在古代所有制中，土地分为公有地和私有地两部分，私有地的占有者都是公社的平等成员，公社就表现为这些土地所有者的联合体和保护者。个人和公社在这里具有相互依存的性质。但是在这种关系中，公社成员的身份在这里依旧是占有土地的前提，但作为公社成员，单个的人又是私有者。也就是说，个人之所以能够成为并且必然成为一个私有者，仅仅在于他事先就是公社的成员之一。日耳曼所有制中包含了类似的情况。日耳曼的土地同样有公有地和私有地的区分，但由于他们的统治集中于广阔的乡村，所以公社成员的居住地相对分散，公有地仅仅是私有地的一种补充。每一个家庭都是一个独立的经济单位，公社作为"自在的统一体包含在他们的亲缘关系、语言、共同的过去和历史等当中"，这种公社只有在"公社成员的每次集会"中才成为现实的公社。在这里，公社成员的身份同样是他们占有土地的前提，财产仍然是身份的体现。比如由于"贵族在较高的程度上代表共同体"，他们就逐渐地成为公有地的占有者，并且通过自己的保护来使用这些土地而使自己转变为大领主。所以，个人在公社中的地位决定着他们对于土地的关系。

正因为古代的财产是所有者身份的表现，他们的生产也就不是为了交换的生产，而是所有者人格的再生产过程。所以在古代社会中，人们研究的问题总是，哪一种所有制形式会造就最好的国家公民。因此，尽管三种所有制形式之间存在这样那样的区别，但是它们所表现的关系都具有同样的性质，土地的占有都是人的社会地位和身份的表现。

中国传统社会作为亚细亚生产方式的社会和古代社会、日耳曼社会一样属于同一种社会形态，两者并没有根本的区别，即都是人的依赖性社会。例如从中国封建制度的发展过程来看，封建国家依附关系的一般表现形式是编户农民。中国的编户齐民，是随战国时期列国实行国家授田制而产生的，它包括从农民到大中小地主在内的不同阶级和阶层（以土地占有情况分）。编户农民由于土地来源于封建国家，因而它与封建国家之间存在着一定程度的依附关系。封建国家通过户籍制度和乡里制度对编户农民进行管理和控制。封建国家以最高土地所有者，即最高地主身份向编户农民征发一定的赋税和徭役（包括兵役）。对于编户外农民来说，国课与地租是统一的。秦始皇统一中国后，"令黔首自实田"。通过土地登记手续，一方面承认了编户农民的土地私人占有权；一方面也肯定了编户农民对封建国家的依附关系。西晋通过占田制，北魏到隋唐通过均田制，又重新确认或建立编户农民与封建国家之间的依附关系，以加强政府对编户农民的控制和管理。我们为了方便的研究工作，往往把占田制、均田制下的编户农民称为占田户、均田户，以区别于秦汉的编户。但从实质上讲，占田户、均田户与编户属于同一类型。

封建国家对编户农民的人身控制和人身役使的程度，随着历代赋役制度和封建王朝政策的变化，或者从理论上说，随着地租形态的变化而不断演进。从总的趋势来看，有一个由逐步加强到逐步转弱的发展过程。魏晋南北朝时期正处于这个转变阶段。在诸种封建依附关系的表现形式中，封建国家依附农民中的编户农民属于依附程度较弱的一个层次。他们被列在"良"或"良人"之内。这种情况容易使人们产生一种错觉，好像编户农民是独立的自耕农，与封建国家之间不存在严格的依附关系。而实际上，在中国的封建社会中，并不存在不依附任何社会力量的独立的自由农民。

屯田制（指民屯）是封建国家依附关系的一种特殊表现

形式，也是封建国家依附关系诸种表现形式中依附程度较强
的一个层次。魏晋南北朝时期这种制度比较盛行，而以曹魏
屯田最为典型。在屯田制下从事生产的屯田客或典农部民，
是按军事编制组织起来的，受屯司马、典农都尉、典农中
郎将等准军事职官的统辖。屯田制强制性较大，参加这种生
产组织需要以牺牲一定的自由为代价，因此当其建立初期，
"新募民开屯田，民不乐，多逃亡"。这种制度，对半分成
（用私牛）和四六分成（租官牛）的剥削率还比较合理，又
有免服兵役徭役的优待，失去土地的农民——流民，在战乱
时期为求得生存尚且可以勉强接受。后来剥削率增高，分成
比例由对半而三七，由四六而二八；徭役、兵役也不能幸
免，屯田客的生产积极性急剧下降，劳动生产率大为降低，
封建国家和生产者个人皆无所获。此时，这种带有军事强制
性的封建国家依附关系的特殊表现形式也就失去继续存在的
价值。魏晋之际，封建国家不得不自行宣告此制的结束。

魏晋南北朝时期，还有一种封建依附关系的特殊表现
形式，就是封建国家的士兵。魏晋南北朝国家士兵的主要来
源有四个途径：一是征兵，二是招募，三是私兵投靠，四是

部落兵（此类盛行于十六国和北朝）。曹魏士兵的来源，四类兼而有之，外加收编的降服（如青州黄巾）。不问其来源出自哪一个途径，当其被编入曹魏政权的国家军队以后，就与封建国家建立起依附关系。在封建依附关系大发展的时代背景下，曹魏和代之而起的西晋对士兵加强了控制，施行了"士亡法"，形成了"士家制"，即一种士兵制。魏晋的士兵对封建国家的依附程度远远超出了两汉征兵制下的编户义务兵。士兵的主要任务是征战，但在魏晋的士兵中，则有相当数量的人是参加农业生产，即"且佃且守"的佃兵，或称"屯田兵"。士兵制，东晋以后开始逐渐衰落。

第二节　第二个阶段——"物的依赖性社会"

一、第二个阶段的基本特征及其含义

"以物的依赖性为基础的人的独立性"是人类社会发展到第二阶段的基本特征，即"普遍的社会物质变换、全面的关系、多方面的需要以及全面的能力的体系"，我们也可以

把它称之为"以物的依赖性为基础的人的独立性社会",简称"物的依赖性社会"。

"物的依赖性"是相对"人的依赖性"而言的。马克思认为,在人类社会发展的第二个阶段,所谓的"物"即"活动和产品的普遍交换已成为每一单个人的生存条件,这种普遍交换,他们的相互联系,表现为对他们本身来说是异己的、独立的东西,表现为一种物。"在交换价值上,人的社会关系转化为物的社会关系;人的能力转化为物的能力。"① 可见,这里的"物"没有特指什么具体的东西,只是一种"物化",即物化的社会关系。马克思还指出:"个人的产品或活动必须先转化为交换价值的形式,转化为货币,并且个人通过这种物的形式才取得和证明自己的社会权力。"由此可以看出,货币是交换价值的一种具体表现形式,进而物的形式在转化为货币的形式。由此,这种物的依赖关系的社会就是以货币交换为媒介的。

马克思对"以物的依赖性为基础的人的独立性"有其独特的理解,在人类社会的第一个阶段和第二个阶段作比较

---

① 《马克思恩格斯全集》第30卷,人民出版社1995年版,第107页。

时指出："在前一场合表现为人的限制即个人受他人限制的那种规定性，在后一场合则在发达的形态上表现为物的限制即个人受不以他为转移并独立存在的关系的限制。"因为单个人不能摆脱自己的人的规定性，但可以克服和控制外部关系，所以在第二个场合他的自由看起来比较大。换句话来说，一个个体在拥有以货币为媒介的交换价值下，可以使自己不依附于其他个体，但这并不是完全独立地、不受任何限制地用货币交换其他商品。这与第一个阶段的人类社会相比，人的社会关系表现的越来越丰富，同时人的自由性和独立性也得到了空前未有的提高。但这并不代表人是不受限制、完全独立自由的个体，正如马克思所说，个体只有在以物的依赖关系为前提下才能做具体的事，同时个体也没有完全拥有他自己，"个人从属于像命运一样存在于他们之外的社会生产；但社会生产并不从属于把这种生产当作共同财富来对待的个人"①。

在人类社会的第二个阶段，商品经济是占统治地位的，即直接以交换为目的的一种经济形式。其中，劳动力成为商

①《马克思恩格斯全集》第30卷，人民出版社1995年版，第108页。

品是最关键的一点，最大的交换，不是商品的交换，而是劳动同商品的交换。货币因其"耐久性、不变性、易于分割和重新合并、因较小的体积包含着较大的交换价值而便于运送"等特性，充当了商品交换的主要媒介。因此，人的生产已不是直接满足生产者个人和经济单位的日常所需，而是为了获取交换价值。随着工业革命机器的生产，社会分工不断发展，生产力得到进一步提高，社会产品越来越丰富，进一步刺激人类的生活需求。在这种情况下，整个人类社会"普遍的社会物质变换、全面的关系、多方面的需要以及全面的能力的体系"才得以成为现实。

二、私有财产决定了人的独立性

（一）私有财产的起源

马克思在分析异化劳动时，指出私有财产的来源，同时提出自我异化的积极扬弃就是共产主义的经典论断。异化是一种与自己相对立的外在的异己力量，即主体在自身发展中产生的与自己相对立的支配或反对自己的力量。这种外在力量的整个产生过程，我们称之为"外化"。由于外在力量一般都是异己的力量，而异己的力量在其本质上又是一种外在力量，由此可见，异化和外化具有相同的意义。

马克思曾指出："我们也看到工资和私有财产是同一的，用劳动产品、劳动对象来偿付劳动本身的工资，不过是劳动异化的必然的后果。"在具体分析外化劳动和私有财产的关系以后又深刻指出："私有财产是外化劳动即工人同自然界和自身的外在关系的产物、结果和必然后果。"马克思分别从两个方面考察了有关劳动异化的问题。一方面，从工人与劳动产品两者之间的关系来考察，工人在劳动的过程中创造了产品，但是支配劳动产品只是资本家而不是工人。就像马克思所说："工人生产的财富越多，他的产品的力量和数量越大，他就越贫穷。工人创造的商品越多，他就越变成廉价的商品。物的世界的增值同人的世界的贬值成正比。"这也就是说，工人创造的劳动产品，不但不由工人来支配，反而成为压迫工人的一种外在力量，这种工人和劳动产品相对抗的状态，就是一种异化现象。另一方面，从工人与劳动过程两者之间的关系来考察，不但劳动产品是异己的，而且劳动本身也是外在的。工人把劳动仅看作是一种自我牺牲和折磨，一种属于别人的劳动。"只要肉体的强制或其他强制一停止，人们就会像逃避鼠疫那样逃避劳动。""对工人说来，劳动的外在性质，就表现在这种劳动不是他自己的，而是别人的；劳动不属于他，他在劳动中也不属于他自己，而是属于别人。"因为在劳动生产中工人生产出与自己劳动相对抗的劳动产品，而且其创造的价值远远高于他们本身的价值，产生了剩余价值，这就意味着，财产是别人的私有财产，而不是自己的财产。马克思的异化劳动理论揭示，私有财产是在一定历史条件下产生的，不是从来就有的，也不是一般工人劳动创造的，而是工人的异化劳动创造出来的。在私有财产的现象下隐藏着一种人与人之间相对抗的社会关系，即劳动者与异化的劳动产品的占有者之间的关系。私有财产在社会中的重要作用和地位决定了人们对财产的追崇和热捧，随之财产拜物教产生。马克思又进一步指出："商品世界的这种拜物教性质，通过以上分析已经表明，是来源于生产商品的劳动所特有的社会性。"

（二）私有财产决定了人的独立性

马克思认为："私有财产的运动——生产和消费——

是以往全部生产的运动的感性表现，也就是说，是人的实现或现实。"在整个人类历史发展的初期，劳动能力低下的人们只能以自己直接需要的产品量来作为衡量生产的尺度。生产者在劳动过程中所生产的物品本身就是他直接需要的东西，生产者和劳动产品只是个人需求和直接消费的关系，劳动的异化和条件根本不存在。随着人类劳动能力的提高和生产力、生产工具等因素的提高，逐步有了超过自己需要的产品，即出现了剩余产品，随之而来的就有了交换。随着交换的出现，产品与生产者发生了异化，也就是说生产者与他们的产品相分离，这意味着劳动逐渐变为收入的来源、谋生的手段。劳动能力的提高致使产品的异化向劳动的异化发展。由此可见，私有财产的产生是人类历史进步的标志，人类发展进入到了一个崭新的阶段。马克思在分析私有财产的作用，主要是动产形式的私有财产时明确指出："动产已经使人民获得了政治的自由，解脱了市民社会的桎梏，把世界连成一体，创造了博爱的商业、纯粹的道德、温文尔雅的教养；它给人民以文明的需要来代替粗陋的需要，并提供了满足需要的手段。"这说明私有财产为人类政治上的独立创造了条件。

私有财产同时还创造了人的丰富性，例如，马克思在分析私有制范围时指出："每个人都千方百计在别人身上唤起某种新的需要，以便迫使他作出新的牺牲，使他处于一种新的依赖地位，诱使他追求新的享受方式，从而陷入经济上的破产。"每个人凭自己拥有的经济物品（或劳动）的价值去和别人交换，去取得别人的劳动和价值，他依赖的是自己的物品和劳动，依赖的是自己。因此，每个人的眼中只有反映物的共同属性的货币的价值，每个人都旁若无人，他是孤傲的，也是孤立的、孤独的。从而在经济方面某种程度上也体现了人的独立性。

（三）私有财产的弊端

上文讨论了私有财产的积极作用，但正如一枚硬币具有两面一样，私有财产也具有弊端。

1. "私有财产一方面作为劳动即作为对自身，对人和自然界因而也对意识和生命表现来说，完全异己的活动的人的活动的生产，是人作为单纯的劳动人的抽象存在，因而这种劳动人每天都可能由他的充实的无沦为绝对的无，沦为他的社会的从而也是现实的非存在。"正是在这种完全外化的劳动过程中，人的本质力量异化为与他自身相对立的，敌视自己的力量。"私有财产的主体本质作为自为地存在着的活动，作为主体，作为个人的私有财产就是劳动。"在现实的私有财产的运功过程中，"对于通过劳动而占有自然界的工人来说，占有表现为异化，自主活动表现为替他人活动和表现为他人的活动，生命的活跃表现为生命的牺牲，对象的生产表现为对象的丧失，转化为异己力量、异己的人所有。"

2. 人是一个处于现实社会中的特殊个体，并且正是他的特殊性使他成为一个个体，成为一个现实的、单个的社会存在物，而个体又是处于现实社会中的社会存在物。人要以一种全面的方式占有和支配他自己的本质，而私有财产是人类异化，把人类变成相对自己来说是对象性的存在物，进一步说，把人变成非人和异己的对象，他的生命只是生命的一种外化，现实也只是异己的现实。

3. "整个革命运动必然在私有财产的运动中，即在经济的运动中，为自己既找到经验的基础，也找到理论的基础。"并且"私有财产的运动——生产和消费——是迄今为止全部生产的运动的感性展现，就是说，是人的实现或人的现实"。在私有财产的实际运动中，人逐渐沦为对象性、异己的存在物。人在自己的对象性活动中迷失了自己，人对自己创造的社会财富——对象性劳动中的关系，只是一个完全敌对的、异己的、强而有力的、不依附于自己的对象关系，反而这种依附关系使人和他所创造的产品的关系颠倒了，人沦为替他人服务和支配的、处于他人的强迫和压制下的活动。人没有作为财富的创造者而真正占有和享有财富，却沦为财富的奴隶。

（四）对私有财产积极扬弃的作用

通过对私有财产正反两方面作用的描述，我们要趋利避害。对私有财产积极扬弃，具有重要作用。

1. 私有财产的积极扬弃是人对人自身本质力量的占有

马克思指出："只有通过私有财产的积极扬弃，才能把人本身的本质性力量重新复归人自身，完成人对人自身本质力量的占有。"只有通过对私有财产的积极扬弃，我们才能以否定的方式把这种对人完全统治和占有的异己的私有财产加以颠覆，从而使人真正的统治和占有他们自己所创造的财富。然后在以一种肯定的方式来证明人的本质的现实化，主要是通过对人类劳动或者财富的占有来确证的。

人通过自身的劳动力量坚持不懈地改造大自然，并创造出了丰富多样的社会财产。这些庞大的社会财富应成为全体社会劳动成员的公共财产，由他们自行支配和享用，而不能仅仅让社会的少数成员占有和支配。只有积极扬弃私有财产，人类才能获取人对其自身本质力量的复归。私有财产的本质是劳动，它直接体现了人类自身认识和改造世界的力量。人类不会沦为他们所创造的财富的奴隶，而是不受任何社会因素的威胁和束缚，自觉地、平等地、自由地占有其自身的本质。通达人类本性复归必须要积极的扬弃私有财产，在人对人的本质的占有和人性的复归途中，人才真正成为自己的主人，人的本质也得以真正实现。

2. 私有财产的积极扬弃是人向人的社会存在的复归

通过私有财产积极的扬弃，人作为活生生的社会存在物，通过同别人的实际交往来充分占有和享受人类自身所创造的社会财富，把这种异己的现实生活转化为符合人的本性和人的生存的力量。在扬弃私有财产的同时，人类也在不断生产并且享受他们所创造的社会财富。"社会成为人同自然界的完成了的本质的统一，是自然界的真正复活，是人的实现了的自然主义和自然界的实现了的人道主义。"人在社会中是以社会存在物和现实共同体的形式生存的，并从家庭、宗教、国家等向自身的本质回归。扬弃各种社会关系的束缚和威胁就要从家庭、宗教、国家等社会关系中解放出来，即要积极扬弃私有财产。只有这样，人类才能真正获得解放，真正的占有自己的自身本质力量。

积极扬弃私有财产，人类就不再受各种复杂的社会关系的束缚和威胁，财产成为现实人自身的真正财富。"对私有财产的积极扬弃，是人的一切感觉和特性的彻底的解放。"正是这样，作为社会存在物的人是一个享有自由的主体，不是对象性的个体存在物，而是其创造物的主人。在向人的社会存在复归过程中，人类可以充分自觉、自由地处理各种在实际交往过程中产生的社会关系，完全摆脱了各种社会关系的束缚和制约。在积极扬弃私有财产后，人们所结成的各种社会关系也会进一步促进人类自身的进步和发展，同样有利于人类自身力量的增长。

3. 私有财产的积极扬弃是对一切异化的积极扬弃

劳动作为人类财富创造的唯一源泉，本来是人类谋求生存和发展的力量，但异化劳动把人类社会日益变成非本真的、异己的状态。这种劳动所产生的异己的社会关系和劳动产品也束缚和制约着人类社会的进步和发展。于此人类社会也出现许多复杂的异化现象，人类自身也日益趋向一种异己的、非本真的生存状态。只有积极的扬弃私有财产，扬弃人类社会一切不合理的异化现象，人类社会才能重新走向最适合人类自身成长和发展的生存状态。

"通过异化劳动，人不仅生产出他对作为异己的敌对的力量的生产对象和生产行为的关系，而且还生产出他人对他的生产和他的产品的关系。"在扬弃私有财产过程中，人不再是自己产品的奴隶。人可以自由、充分地支配、占有和享用自己的创造物，同时还可以积极扬弃各种各样异化了的人与自然的关系和人与人的社会关系，进而将人类转化为现实存在的人，占有和支配自己所创造的社会财富。

4.私有财产的积极扬弃是人类社会发展的必然

"共产主义是私有财产即人的自我异化的积极扬弃，

因而是通过人并且为了人而对人的本质的真正占有。""自我异化的扬弃同自我异化走的是一条道路。"人类社会的发展变化是一种客观的历史过程，人类通过自身的积极劳动创造社会财富，人类社会的发展客观上要求社会财富不再是一种异己的、压迫人存在物，而是一种创造物。在社会不断发展的过程中，私有财产也注定将被积极的扬弃。这里的积极扬弃，并不是要否定私有财产制度下取得的一切积极成果，如同扬弃异化劳动一样，并不是要扬弃对象劳动，不是扬弃劳动本身，而是要扬弃劳动的一定的社会形式。就像马克思在《1844年经济学哲学手稿》中所说："正像现实生活是人的不再以私有财产的扬弃即共产主义为中介的积极的现实一样，共产主义是作为否定的否定的肯定，因此，它是人的解放和复原的一个现实的对下一段历史发展来说是必然的环节。"

人类社会的发展是有其客观规律的，因此要求人类社会也要以一种更和谐、更进步、更本真的状态呈现，共产主义社会积极扬弃着各种不合理的运动状态和现象，必然要求积极扬弃私有财产，进而扬弃一切不适合人类自身成长和发展的异化现象，使它更加合理化。积极扬弃是人类社会发展的必然要求，是对现实社会否定的肯定，是人类社会不断发展的必然。可见，在人类社会的发展进程中积极的扬弃各种私有财产，扬弃一切不合理的社会异化现象，人类才能占有和支配自身所创造的财富，为人类的生存和发展创造出最合理的存在方式，是人类社会发展的必然规律和客观要求。

三、私有制下人对物的依赖关系，即物化

（一）"物化"的理论涵义与界定

在《1857—1858年经济学手稿》中，马克思完整地表述过物化理论。但对于马克思物化概念的理解和认识，与其他理论一样要放在人类思想发展的历史中去把握和认识。异化和物化概念有着非常密切的联系，因为物化理论是由异化理论逐步发展而来的。

从不同的角度去追寻"异化"范畴的起源，但是作为一个表征客体和主体关系的"异化"概念，则与西方的概念定义，即"主客体二分"的思维方式联系非常紧密。笛卡尔明确针对对方的主体和客体，形成"主体—客体二分法"的

指导原则,创造了现代西方哲学。"主客二分"即人类在认识整个世界的过程中"把世界万物看成是与人处于彼此外在的关系中,并且以我为主(体),以他人他物为(客)体,主体凭着认识事物(客体)的本质、规律性以征服客体,使客体为我所用,从而达到主体与客体的统一"。这一传统思维深深地影响了德国的哲学。从德国古典哲学到马克思的哲学都留下了"主客二分"的思想痕迹,异化理论也受到它的影响。黑格尔完整地表述了异化理论这一哲学思想。黑格尔在《精神现象学》中使用了异化和对象化这两个概念,即"绝对精神"外化和物化为不同实体,这时异化和对象化没有什么区别,与外化和对象化的含义同等。在黑格尔的影响下青年马克思在《1844年经济学哲学手稿》中,在人的类本质假设基础上,提出了人本主义色彩浓郁的"异化劳动"理论。于此,马克思进一步明确了异化和对象化这两个概念。所谓对象化是指"劳动的产品是固定在某个对象中的、物化的劳动,这就是劳动的对象化。劳动的现实化就是劳动的对象化"。在这里,马克思从人的劳动实践角度提出了最原始的物化的意义,物化与外化和对象化等同,就是劳动的对象化。物化主要强调了人作为主体，在劳动过程中改造这个自然界的外在事物的客观过程。物化现象是劳动对人自身的本质力量的证明，是人和历史阶段人类都要存在的一种现象，没有什么语气色彩。异化在异化劳动理论中是一个比较重要的概念，它是指主体在自己的发展过程中，不仅产生了自身的活动，而且产生出了自己的对立面，反过来，这个对立面又作为一种外在的、异己的力量来反对主体本身。在马克思看来，这时的异化具有了浓重的批判主义色彩和否定意义。它批判了资本主义社会中主体与客体关系的颠倒和扭曲的现象。

马克思唯物史观形成之前，他的思想受人本学的影响，站在人本学立场上，他用"异化理论"来批判资本主义社会。此时他的思想理论基础显得比较单薄。在《1844年经济学哲学手稿》之后，马克思便开始深入地研究资本主义社会现实。一段时间后，马克思在《关于费尔巴哈的提纲》中提到要把人的活动作为对象性活动来对待。之后，他又在《德意志意识形态》中主张探讨资本主义社会现实中人的生存生活状态，当然，这种探讨是从现实的个人和他们的活动以及他们的物质生活条件出发的。通过上述对马克思的思想转变的这一过程的描述，我们看到他的思想逐渐的转向以实践为基础的历史唯物主义，与此同时，马克思的物化理论逐渐的取代了异化理论。不久，马克思在《1857—1858年经济学手稿》中提出了三种社会形态理论，即人对人的依赖关系的形态是最初的社会形态；以物的依赖性为基础的人的独立性的社会是第二种形态；个人全面发展的共同的社会是第三种形态。在此，我们看到第二种社会形态其实就是以物化关系为特征的社会。那么什么是物化关系呢？从社会关系角度来看，物化关系是指以物为中介的人与人之间的生产关系。在这时期，商品经济占统治地位，以物为中介的社会关系日益普遍化，从而影响了社会的客观发展和人与社会、个体与个体之间的关系。物化关系的普遍性也同时决定了物化关系的异在性。"人的关系表现为物的依赖关系，而这种关系无非是与外表上独立的个人相对立的独立的社会关系，也就是与这些个人本身相独立化的、他们互相间的生产关系。"①由此可以看出，马克思所说的异化的社会关系其实是物的依赖关系，这是异化关系的一方面的表现。此外，物的关系的

---

① 《马克思恩格斯全集》第46卷，人民出版社1979年版，第111页。

普遍化也伴随着物化关系的神秘化，从而导致人与人之间社会关系的异化。"商品形式在人们面前把人们本身劳动的社会性质反映成劳动产品本身的物的性质，反映成这些物的天然的社会属性，从而把生产者同总劳动的社会关系反映成存在于生产者之外的物与物之间的社会关系。由于这种转换，劳动产品成了商品，成了可感觉而又超感觉的物或社会的物。……这只是人们自己的一定的社会关系，但它在人们面前采取了物与物的关系的虚幻的形式。"①通过上述描述可知，人们在头脑中把物奉为"神"时，物化关系的神秘化便产生了，同时这也导致了物化关系的异化，从而使物化关系成为与人对立的、控制人和奴役人的社会关系，这是异化关系的另一方面的表现。马克思曾在《资本论》中描述过商品拜物教、资本拜物教、货币拜物教等现象，其实这些都是物化关系的异化的表现。由此可知，马克思所描述的"物化关系"具有普遍性和异在性双重的属性，同时，我们也知道"物化关系"对现代社会生产关系的客观的、辩证的描述。到此为止，马克思的社会批判理论已经是客观的、辩证的、

①《马克思恩格斯全集》第44卷，人民出版社2001年版，第89页。

成熟的理论了。

我们所理解的马克思的物化理论可以认为是这样的，一方面，物化劳动不仅仅生产出了物，而且生产出了人与人之间的活动关系。另一方面，在特殊的社会条件下，物化劳动可以转变为异化劳动；在一定条件下，物化关系也可以表现为异化关系。卢卡奇从马克思的《资本论》中"商品拜物教"的阐释中得到了启发，在《历史与阶级意识》一书中创造性地提出了自己的物化理论。他说："商品结构的本质已被多次强调指出过。它的基础是，人与人之间的关系获得物的性质，并从而获得一种'幽灵般的对象性'，这种对象性以其严格的、仿佛十全十美和合理的自律性掩盖着它的基本本质、即人与人之间关系的所有痕迹。"①通过以上的描述，我们看到卢卡奇的物化理论对马克思的思想进行了继承。与此同时，他也在社会时代发展的基础上赋予了"物化"新的内涵，以此来更加准确地批判当时的资本主义社会的现实。

通过对以上物化的论述的概括和总结，我们对马克思

---

① 卢卡奇：《历史和阶级意识》，商务印书馆1992年版，第144页。

物化范畴的理解如下：第一，最原始意义上的物化是劳动的现实化，即对象化。这是对主客体关系的客观描述。第二，在特定的社会关系条件下，物化劳动的产品成为与劳动者相异对立的物。物化劳动在一定的条件下也可以转变为异化劳动，换句话说，物化等同于异化。这是从主客体关系角度对物化进行的描述，同时，我们知道这是主客体关系的颠倒，这是从劳动实践角度来理解人与物关系的表现。第三，物化关系是以物为中介的人与人之间的普遍的社会关系。这种关系是客观的不以人意志为转移的社会关系，也是对主体之间的交往关系的形象描述，同时还是客观的不带有判断色彩的表述。这是从社会生产关系的角度对物化关系的描述。第四，随着物的关系的普遍化，物的关系表现出与人对立的、控制人、奴役人的异在的属性。我们知道此时的物化关系就是异化关系，也可以说物化关系的异化。这是从社会生产关系的角度来理解人与人之间关系的表现。同样，我们知道异化关系也是主客体关系的颠倒，具有否定意义。对马克思的物化概念的内涵进行梳理，有利于我们更好地认识和理解马克思的物化理论的思想，进而为我们更加清晰而深刻地理解马克思的"三形态"理论奠定基础。

（二）物化的双重属性及其与现代社会的关系

我们所谓的物化关系是指以物为中介的社会关系，换句话说，就是通过商品货币的关系来掩盖了人与人之间的社会关系。在市场经济领域，我们知道商品具有价值和使用价值的属性，商品的价值通过一般的交换价值来表现。商品交换的过程表面上是反映商品和货币的交换，其实质是商品使用价值和一般的交换价值相分离的矛盾，同时，商品交换也反映人与人之间的社会关系。简言之，随着商品交换的发生，人与人之间的社会关系也发生了改变。货币是从商品中分离出来固定充当一般等价物的商品。商品生产者进行商品交换的目的就是获得货币。所以说，货币不仅是商品交换的手段，而且是商品交换的唯一目的。商品的所有者不可能同时拥有商品和货币，因为在商品交换实现的条件下，商品和货币是分离的，同时，在这种条件下以物为中介的关系具有了异化的倾向性。随着社会生产力不断地发展，生产社会化的程度得到了提高，从而也提升了货币在社会中的地位和权力。物（货币）在人们头脑中变得神奇而富有魔力，这促使了人对人的信赖转换为人对"物"的信赖。由此，我们看到人与人之间的主体交往关系表现为人受客体"物"（货币）的控制和奴役的关系。通过上面的论述，我们看见物化关系具有双重属性，具体表现如下：一方面，以物为中介的关系使人与人的关系具有普遍性；另一方面，物化关系使人与人的关系具有独立的、外在的、异化的倾向属性。通过上文的论述，我们知道物化关系在一定条件下可以转变为异化关系。物化关系也具有双重属性，它给现代社会带来双面影响，具体表现在两方面。一方面，物化关系奠定了现代社会文明的基础；另一方面，物化关系带来了现代社会的弊端。

1. 物化关系奠定了现代社会文明的基础

首先，物化关系使个人在很大程度上摆脱了旧的社会关系的束缚，建立了普遍的人与人之间的联系。我们知道物化关系是以商品货币的关系普遍地掩盖了人与人之间的社会关系，物的关系使人与人之间的关系简单化。在人类社会发展的第一阶段里，开始阶段时，人与人之间是孤立的、没有联系的，后来逐渐发展成为以自然血缘关系和统治服从关系为基础的普遍的社会联系。由此可见，这种社会关系不仅束缚了人的个性的发展，而且阻碍了生产的发展和社会的进步。

正如马克思所说:"毫无疑问,这种物的联系比单个人之间没有联系要好,或者比只是以自然血缘关系和统治服从的关系为基础的地方性联系要好。"[①]按照马克思的理解,物的关系使先前形成的人与人之间的差别消失了,这不仅为个人的独立和发展提供了前提条件,而且使社会阶层开始流动了。众所周知,个人与社会之间矛盾运动与社会的发展密切相关。当个人积极性得到调动和能力得到发展时,就会推动社会进步;当社会束缚个人的个性和活动时,就会阻碍社会的进步。正是由于物化关系使人在很大程度上摆脱了旧的社会关系的束缚,使人与人之间的关系简单化,从而使得人的积极性得到了调动,人与人之间的社会联系日益密切,因此现代社会出现了活力。在以物的依赖为基础的社会里,物使人与人之间、个人与社会之间成为一个紧密联系的整体。正是由于这种紧密的联系促进了人与人、个人与社会的交流和交往,进而实现了社会整体的进步和发展。

其次,物化关系催生了多种社会制度和社会机制,建立了现代社会的物质文明。随着商品经济的发展和日益普遍

①《马克思恩格斯全集》第46卷,人民出版社1979年版,第108页。

化，物化关系是在社会关系中占支配地位和主导力量。物化关系的形成是由社会分工、生产力发展、私有制等因素共同作用的结果。物的关系导致人与人之间的更为普遍的社会联系，正式由于物的关系的普遍性，私人商品交换得到了不断的扩大，从而形成了广泛的市场，进而促进世界贸易的产生。我们知道人的独立性是物的依赖性的前提，在个人独立性与社会交换的普遍性的矛盾中，银行和信用制度便在分散的交换行中产生了；在普遍的物化条件下，竞争合作、优胜劣汰等机制使市场发挥的作用越来越强；物化关系在追求共同的利益和统一的市场的条件下，促进了现代民族国家的产生；商品生产目的的实现依赖于交换中商品能否顺利转化为货币，货币成为交换的唯一目的，人们对货币追逐的欲望从未得到满足，货币就是能升值的资本，获得资本就要不断地追逐利润，于是这便促进了现代社会的物质生产和技术进步。马克思提到"资本主义社会不到一百年的时间里创造的生产力比过去一切世代创造的生产力总和还要多，还要大"[1]；在物化关系条件下，现代社会也日益发展成为经济全

---

① 《马克思恩格斯选集》第1卷，人民出版社1995年版，第277页。

球化的社会。简而言之，物化关系奠定了现代社会物质文明的基础。

再次，物化关系在现代化实践中催生了现代社会的理念。民主、自由、平等是具有代表性的现代社会的价值理念，这些理念的形成与物化关系存在着密切的联系。物化关系就是以物为中介的人与人之间的生产关系，也可以说是以商品、货币的关系普遍地掩盖了人与人之间的社会关系。我们知道在商品经济运行中，商品交换的双方要平等地进行等价有偿交换，双方不仅能自愿地选择交换主体、对象、时间和地点，而且能自由地订立契约。商品交换的双方不自觉地遵守了在商品交换背后自由、平等的价值理念，通过商品交换形成的人与人之间的关系同样具有自由、平等的精神内涵。自由、平等等原则不仅仅存在于这种经济活动中，在政治生活中也同样存在，具体表现在建立了以维护个人自由、平等权利为特征的民主政治制度。除此之外，在商品交换的过程中，商品交换主体为了追求公平交易和等价交换，自由地订立契约，这种契约思想反映在头脑中便形成了现代法律观念。由此可见，自由、平等、民主、契约观念等思想是在商品交换中产生，并随着物的关系普遍化而广泛地被人们所接受。同时，物化关系是社会交往中占支配地位和主导力量的社会关系，它逐步的削弱了血缘关系和政治统治关系在社会中的统治力，在一定意义上讲，这为法治代替了人治奠定了社会基础。简而言之，自由、平等、民主、法治等现代社会的精神文明因素都与物化关系存在着密切的联系，最终形成了现代社会的以人为本的主体性思想的价值理念。

2. 物化关系带来了现代社会的弊端

一切事物都具有两面性，物化关系当然也不例外。马克思一方面肯定物化关系对现代社会积极的作用；另一方面也阐述了物化关系给现代社会带来的弊端。这是因为劳动力成为商品，这种条件下，物化关系的独立的、外在的异化倾向性表现为现实的异化社会关系，由此产生了现代社会的弊端。

首先，物化关系使现代社会关系从整体上成为与人对立的、异在的社会关系。物化关系是以物为中介的人与人之间的生产关系，人受客体"物"的控制和奴役，在这种条件下，社会形成了全面的依赖关系。人与人之间的相互依赖形成了普遍的社会联系。这种普遍的社会联系通过物（交换价值）来表现，于是物（货币）就成为了个人与社会的联系以及个人获得社会权力的媒介。这意味着，物的关系使人与人之间的联系更加的密切。随着这种普遍的、以物为中介的、整体的社会联系日益普遍化，从而社会关系逐渐与单个人脱离，这时，物的关系就表现为与人相对立的、异在的、独立的社会关系。其实，在很早以前，马克思就已经认识到物化关系的这种倾向性，他曾说："在一切价值都用货币来计算的行情表中，一方面显示出，物的社会性离开人而独立；另一方面显示出，在整个生产关系和交往关系对于个人，对于所有个人表现出来的异己性的这种基础上，商业活动又使物从属于个人。"[①]我们知道在现代社会开始阶段，人们通过不同的手段、渠道收集市场中的信息，这样做的目的是希望人能够控制物的关系。但是，在早期资本主义社会，经济危机频繁发生已经说明了物的关系是难以控制和把握的。随着人类社会的发展，国家宏观调控在一定程度上缓解了经济危机的发生频率，但是，尽管在现代信息技术发达的条件下，这

---

① 《马克思恩格斯全集》第46卷，人民出版社1979年版，第107页。

种普遍的、全球化的物化关系也是难以预测和掌控的，因为它具有很强的不确定性，在某种程度上说，现代社会因物的关系而成为风险社会。例如，在20世纪90年代末，亚洲金融危机的爆发，它的发生就是因为这种不可控的普遍性联系导致了经济发生连锁性反应，给亚洲经济乃至全球经济带来了巨大的灾难。

其次，物化关系把物提升为"神"的地位，导致了个体与个体之间的社会关系的异化。物在人们的头脑中升格为虚幻的"神"，人对人的信赖转换为人对"物"的信赖。马克思曾说："最初一看，商品好像是一种简单而平凡的东西。对商品的分析表明，它却是一种古怪的东西，充满形而上学的微妙和神学的怪诞。"①通过上面的描述表明马克思分析商品的神奇之处，他指出商品神奇之处在于，以商品、货币的关系普遍地掩盖了人与人之间的社会关系，或者说，通过生产者之外的物与物之间的社会关系掩盖了生产者同总劳动的社会关系。简而言之，"商品的超感觉性"在于普遍的物化关系的形成导致了"物"在人们头脑中歪曲虚幻的反映。物

---

① 《马克思恩格斯全集》第44卷，人民出版社2001年版，第88页。

的关系的神化导致了个体之间关系的异化，人与人之间的主体交往关系表现为人受客体"物"的控制和奴役的关系。追求货币是人生的目的，人的尊严与价值等由货币来交换，人是赚钱的工具和手段，人的作为人的主体性价值和意义正在丧失，由启蒙精神确立的人的主体性生存意义反倒是走向了反面。

再次，物化关系使个人处于一个充满了冷漠感、孤独感和焦灼感的生存和生活状态中。物化关系是以物为中介的全面依赖关系，人与人之间是普遍的依赖关系，每个人的生产依赖于其他人的生产，每个人的消费依赖于其他人的消费，物的关系使人与人之间的联系更加的密切。除此之外，我们知道在物的世界里，个人独立的活动和利益是人们劳动的前提，每个人都是绞尽脑汁地追逐着自己的利益，每个人都处于一个充满普遍的竞争、孤立和冷漠的状态中。一个人在实现自己利益的同时，从某种程度上讲，他也阻碍了其他人利益的实现。随着人的流动性不断地加大，在普遍的物化关系条件下，村落、家族等人们情感赖以依靠的"共同体"也逐渐变得破碎，现实物的关系成为了人们唯一信赖的现实的

"共同体"。同时，在人们的现实生活中，人的情感也表现为孤立和冷漠，人的安全感和依赖感也消失了。"人人为自己，上帝为大家"是弗洛姆对现代社会中人与人之间利己主义社会关系的概括。尤其是在当今充满激烈竞争的现代社会中，人们每日生存在焦虑和不安的生活竞争状态中，人性温暖的失落成为了现代社会进步的代价。

（三）趋利避害，扬弃物化的途径

通过上文对物化关系给现代社会带来弊端的描述，我们应该扬弃物化的弊端，要采取一定的措施。

首先，须要消灭资本主义的私有制，使劳动者能够直接占有生产资料，并且能自由地支配自己的劳动成果。私有制的产生和灭亡是一个自然地历史过程，要想私有制灭亡，无产阶级只有大力地发展社会生产力才能做到。异化劳动的扬弃过程也是这样的。在当今时代生产力的水平下，人们的社会分工还处于自发的阶段，人们劳动活动还是被动的，人受客体"物"的控制和奴役，人的发展也是片面的。而只有当生产力高度发达，人们的社会分工是自愿的，人们的劳动也是自愿的，人得到全面、自由的发展时，私有制和异化才能彻底的消灭。我们始终坚信，随着社会生产力的发展，不久的将来，这将必然实现。

其次，扬弃物化，使人成为总体的人。按照马克思的观点："人依据一个全面的方式，因而作为一个完全的人占有人的全面的本质。"卢卡齐认为，马克思主义关于人的问题的实质就是"对人的总体性关心"。真正全面的人应该是实现了人的全部潜能、全部个性、全部价值的总体的人。卢卡齐还认为，只有总体性方法才能克服物化意识，才能改变现代人的片面存在状态，才能找回人已经失落的精神家园，从而实现人自身的完整性。在资本主义社会，我们知道人受客体"物"的控制和奴役，人被分裂成了碎片。同时，资本主义社会在形成普遍的社会物质交换和全面的社会关系的同时，将整个工人阶级变成了机器的附庸，将资本家变成了金钱的奴隶，总之，都异化为片面的人。只有总体性才能实现人的全面发展，从而达到一种人性的和谐状态。在此意义上，只有总体化范畴，才能抵抗物性化的侵蚀，因而它担负着扬弃物化、重建主体和弘扬人道的理论使命，构建一种人与自然和谐发展的人类中心主义的新社会模式势在必行。

第三节　第三个阶段——"全面自由自觉的人"

一、第三个阶段的基本特征及其含义

人类社会发展的第三个阶段的特征，也就是共产主义社会的基本特征，是"建立在个人全面发展和他们共同的、社会的生产能力成为从属于他们的社会财富这一基础上的自由个性"。

马克思认为在共产主义社会里，"表现为生产和财富的宏大基石的，既不是人本身完成的直接劳动，也不是人从事劳动的时间，而是对人本身的一般生产力的占有，是人对自然界的了解和通过人作为社会体的存在来对自然界的统治，总之，是社会个人的发展。……一旦直接形式的劳动不再是财富的巨大源泉，劳动时间就不再是、而且必然不再是财富的尺度，因而交换价值也不再是使用价值的尺度。……于是，以交换价值为基础的生产便会崩溃，直接的物质生产过程本身也就摆脱了贫困和对立的形式。个性得到自由发展，因此，并不是为了获得剩余劳动而缩减必要劳动时间，而是直接把社会必要劳动缩减到最低限度，那时，与此相适应，由于给所有的人腾出了时间和创造了手段，个人会在艺术、科学等方面得到发展。"①这也就是"个人全面发展和他们共同的、社会的生产能力成为从属于他们的社会财富这一基础上的自由个性"的含义。

那么，人类社会的第三个阶段要具备什么样的条件才能到来呢？马克思认为"第二个阶段为第三个阶段创造条件。"这就是说，第二个阶段的存在是第三个阶段到来的前提条件，虽然第三个阶段必将代替第二个阶段，但是第三个阶段绝不可能跨越第二个阶段。马克思接着指出："全面发展的个人——他们的社会关系作为他们自己的共同的关系，也是服从于他们自己的共同的控制的——不是自然的产物，而是历史的产物。要使这种个性成为可能，能力的发展就要达到一定的程度和全面性，这正是以建立在交换价值基础上的生产为前提的，这种生产才在产生出个人同自己和同别人

①《马克思恩格斯全集》第31卷，人民出版社1998年版，第100—101页。

103

相异化的普遍性的同时，也产生出个人关系和个人能力的普遍性和全面性。"简单地说，第三个阶段之所以必须以第二个阶段为前提，是因为第二个阶段为第三个阶段的到来提供了充分的生产力和交换价值等基本条件。

产品经济在人类社会发展的这一阶段占统治地位。产品经济又是怎样的一种社会经济形态呢？它是指在未来的共产主义社会，人们取得自己所需的产品不用通过货币来进行交换，而是通过社会中心组织进行按需分配。产品经济是以生产力的极大发展为基础的，并以全社会根本利益的一致性为前提。只有在这个时候，人类才不再像第二个阶段那样受到物的奴役，从而能够得到真正的自由而全面的发展。借用马克思在《共产党宣言》中的话来说，未来社会"每个人的自由发展是一切人的自由发展的条件"①。这便是马克思对共产主义社会的基本设想。

二、自由在于摆脱对物的依赖性

人的本质——自由，具有"历史性"的根本特征。在

---

① 《马克思恩格斯选集》第1卷，人民出版社1995年版，第244页。

近代，"自由"的概念普遍标识着人的不受"限制"的一种生存状态，因此就体现出"非历史性"的根本特征。比如霍布斯就认为自由就是他在从事自己具有意志、欲望或意向想要做的事情上不受阻碍。虽然黑格尔将"人的自我产生看作一个过程"，从而引入了理解"自由"概念的全新高度，但由于他将"人"等同于"自我意识"，并且预先设定了人的初始"自由"状态，基于一种"理性必然性"的基础上，这种状态将获得最终实现，所以说，归根结底他对"自由"的理解仍然是"非历史性"的。康德认为，在认识领域里，人的能动性最多只能达到对自然必然性的认识与把握，但是人并不能达到自由，因为从根本上说，自然的必然性是同人的自由相对立的。但人的自由可存在于道德领域中，只有在这个领域中人才能摆脱物欲的控制而按照自己的意志来思想和行动。康德指出，在人的道德领域里，"我们必须假设有一个摆脱感性世界而依据理性世界法则决定自己意志的能力，即所谓自由"。我们进一步追问理性世界的法则是什么？是"自律"。"自律"的核心又是什么呢？是"人是目的"。可以说康德将人的自由理解为一种能力，一种成人摆脱物欲控制的能力，是以人为目的的意志自由，对自由理论的发展是有着重要的意义的。

马克思曾指出："自由既不是一种恩赐，也不是任何一种显示感觉中的存在，而是一种社会发展的历史产物。"因此，想要了解特定历史阶段人的自由状态如何，前提是要考察这个阶段的社会生产力的发展水平。而由于"社会结构和国家经常是从一定个人的生活过程中产生的"，也就是特定的"生产"构成了特定社会形态形成和发展的基础。因此，要考察特定社会形态中人的自由状态，就应该落实到对这个阶段的生产的考察的基础上。马克思指出："个人怎样表现自己的生活，他们自己也就怎样生活。因此，他们是什么样的，这同他们的生产是一致的——既和他们生产什么一致，又和他们怎样生产一致。因而，个人是什么样的，这取决于他们进行生产的物质条件。"而"生产"作为人类改造自然的活动，其方式和水平本身又体现在不断的历史发展之中。在马克思看来，只有物质生产达到一定程度，才能真正突破外在必然性对人的束缚，最终实现人的全面自由发展。而这一步的最终实现必须奠定在以前全部历史发展的基础之上。马克思又指出："这需要有一定的社会物质基础或一系列物质生存条件，而这些条件本身又是长期的、痛苦的发展史的自然产物。"

比如说在资本主义社会中，随着商品经济渗透到人的社会生产与生活的每一个领域，改造了人与人之间的社会关系，服务于商品生产与商品交换的客观要求，商品生产者与交换者作为生产的主体与交换的主体，在法律上获得了独立性的地位与权利。相应地，资本主义的以物的依赖性为基础的"人的独立性"便得到了确立，很明显这种以"以物的依赖性为基础"的"人的独立性"相对于"人对人的依赖关系"而言，具有不可否认的历史进步性，但从根本上讲它并没有真正消除依赖性本身。相同地，在资本主义社会中，物质财富或金钱像一只看不见的手，给人以无形的压力，操纵着一切人的活动。因而这个时候的个人，自由还不是真正的自由，个人的活动也基本上没有自主性。其主要表现是：个体活动的固定化，同时人的能力的发展也是非常片面的。

资本主义市场经济的存在使得现代社会所创造的生存条件为少数人所垄断。人的发展无论是在生存条件方面，还是活动范围方面都出现了片面化。"在大工业时期和激烈的竞争条件下，各个人的一切生存条件、一切制约性、一切片面性都融合为两种最简单的形式——私有制和劳动。"劳动的主观条件和客观条件处于分离对立状态，生存条件的片面化使无产者陷入只能靠出卖劳动力来谋生的悲惨境地。劳动本来是人的本质，是对人的一种存在的肯定，但是对于失去生产资料的劳动者来说，他们的劳动却异化为对人的摧残。由于生存条件的片面化和发达的社会分工，个人的活动范围被固定化了。正如马克思所说："当分工一出现之后，任何人都有自己一定的特殊的活动范围，这个范围是强加于他的，他不能超出这个范围：他是一个猎人、渔夫或牧人，或者是一个批判的批判者，只要他不想失去生活资料，他就始终应该是这样的人。"同时，在这一阶段，人的发展表现为片面发展的活动和能力、物化的社会关系、独立及物役的个性。虽然人与自然、人与社会的关系同发展着的生产力和科学技术紧密相关，都得到了极大发展，并由此促进了社会文明的巨大进步，促进了人类总体力量的不断发展。但是，"资本在具有无限度地提高生产力趋势的同时，又在同样的程度上使主要生产力，即人本身片面化，受到限制等"。这种发展是以人类个体存在的不断片面化，以个人片面地发展某一方面的能力而牺牲自身的完整性为代价的。所以说，在"以物的依赖性为基础的人的独立性"为特征的人类社会发展的第二阶段，人们并没有获得全面的自由，因此，我们要获得全面的自由必须摆脱对物的依赖。

正如马克思和恩格斯所说："只有在共同体中，个人才能获得全面发展其才能的手段，也就是说，只有在共同体中才可能有个人自由。"人要想获得自由，必须联合起来个人，掌握高度发展起来的生产力，真正成为社会的主人，才能控制一切偶然性。这也说明了一个道理，社会的发展和个人的全面发展是密不可分离的。社会的发展和人的发展，都是由"必然王国"走向"自由王国"的历史。而"自由王国"，就是"人的全面发展"本身。恩格斯预言：一旦社会占有了生产资料，"一直统治着历史的客观的异己力量"，将"处于人们自己的控制之下"，从这时起，"人们才完全自觉地创造自己的历史"，"由人们使之起作用的社会原因才大部分并且越来越多地达到他们所预期的结果，这是人类从必然王国进入自由王国的飞跃"。马克思进一步指明："事实上，自由王国只是在由必需和外在目的规定要做的劳动终止的地方才开始；因而按照事物的本性来说，它存在于真正物质生产领域的彼岸。……在这个必然王国的彼岸，作为目的本身的人类能力的发展，真正的自由王国，就开始了。"这说明只有到了共产主义，我们才是真正地进入了"自由王国"。

马克思指出只有在共产主义社会中，人才能实现全面自由的发展。在这阶段上人们不但摆脱了人的依赖关系，而且也摆脱了对物的依赖关系，人获得了全面的真正的自由，从而成为了具有自由个性的人。共产主义社会所有的社会公民，人人都是社会的劳动者，劳动人民及劳动者是所有社会人的形式称谓，也是唯一称谓。也就没有了农民的、知识分子的、工人的、领导干部的形式称谓，社会的任何人，都只有从事的职业的不同，没有因职业的不同就会有职业似的标签。曾经在历史上农民的全部劳动行为人人都会做，也都能做；曾经历史上的知识分子能够进行的全部行为人人都会做，也都能做；曾经历史上工人所具备的全部劳动行为能力人人都具备；曾经历史上所有的领导干部的能力素质人人都拥有；曾经人类历史上的人的全部社会行为能力都是每个人具备的基本能力素质。全面发展的人的社会劳动行为的进行，不会因职业上的不同而对人本身产生任何的影响，社会不会对一个因从事农业生产的人而有所歧视，社会也不会因一个人处于领导干部的职位而有另眼相看，人们以往的职业身份不同的观念意识，也因为社会的进步和人自身的全面发展而淡化。全面发展的人就是自然生命回归的人，就是人类社会真正自由的人，就是从高级动物群体里进步了的脱离了的人，就是真正的人的形式的全部完成。

与此同时，在共产主义社会，由于其社会生产力高度发展，社会产品极大丰富，分配领域实现"按需分配"，人的物质需要、精神需要及其他各种需要都能得到极大的满足和发展。马克思指出，"每个人的全面而自由的发展为基本原则的社会形式"是"自由人联合体"，即个人作为自由人自愿参加、自愿结合、自由发展自身的社会形式。在自由人联合体中，一方面，每个个人都能得到自由而全面的发展；另一方面，个人之间的关系是平等地实现和发展自身自由的关系。每个人都是独立的，并相互把他人当作发展自己力量所需要的对象，因而每个人的自身发展便构成了一切人自由发展的条件。全面发展的人应当是能把一般、集体和单个人的全部丰富性结合在自身之中的人。同时，共产主义并不是说人已经发展到了终点。人是实践的存在物，实践是开放的、生成的，正是实践的这种特点、本质内容和实践的内在矛盾运动使人不是力求停留在某种已经变成的东西上，而是处在变易的绝对运动之中，从而使人的全面发展呈现为一个在实践中不断生成的过程和一种无限开放的状态，永远也不会达到所谓"完美"的终点。共产主义的实现只是人的全面发展的"开始"，到了共产主义社会，"作为目的本身的人类能力的发展，真正的自由王国，就开始了"。

三、公有制是摆脱对物的依赖的社会形态

在人类社会发展的第二阶段，也就是以物的依赖性为基础人的独立性为基本特征的资本主义社会，由于人们没有摆脱对物的依赖性，资本主义私有制的存在，导致个体活动的固定化和能力的片面发展，每个人不能获得全面自由的发展。为了摆脱这种社会形态，马克思提出了社会公有制。我们了解到马克思构想的社会公有制是建立在对资本主义经济制度深刻批判基础之上的，是为了铲除经济剥削的根源，摆脱人对物的依赖

性，实现人的自由个性和人的全面发展。所以，建立社会公有制的经济意义在于：一是形成适合社会生产力发展要求的财产占有方式，即实现生产资料的共同占用与生产资料共同使用的有机统一，消除私人占用与生产社会化的矛盾。二是否定资本对劳动的支配权，体现劳动者社会经济地位的平等，从而保证劳动者的劳动能力、创造能力和各种潜能等能力得到充分发挥，推动社会生产力的发展。简而言之，经典公有制是以劳动者为主体的公有制。它从根本上改变了人对人的依赖性、人对物的依赖性的状态，实现人的自由、全面发展和人支配物的状态，结束经济的自然发展的历史过程和人的自在性，开始经济的自觉发展的历史过程和人的自由性。因此，立足于经典公有制这一本质，依据时代的发展，可以从以下三方面深化对经典公有制的内涵的理解：生产力和生产关系的统一、物质内容与精神内容的统一、公平与效率的统一。

（一）公有制是社会化生产力高度发展的必然结果，是生产力和生产关系的统一

马克思、恩格斯在《德意志意识形态》里说过："到目前为止，我们都是以生产工具为出发点……所有制是生产

113

工具的必然结果。"马克思在《哲学的贫困》里进一步说："随着生产力的获得，人们改变自己的生产方式，随着生产方式即谋生的方式的改变，人民也就会改变自己的一切社会关系。手推磨产生的是封建主的社会，蒸汽磨产生的是工业资本家社会。"因此，马克思在《资本论》里又总结性地说："各个经济时代的区别不在于生产什么，而在于怎样生产，用什么劳动资料生产，劳动资料不仅是人类劳动力发展的测量器，而且是借劳动以进行的社会关系的指示器。"[①]由此可见，马克思对这个问题的观点是：有什么样的生产工具就有什么样的生产力，就有什么样的生产关系。

那么，什么构成社会主义生产资料公有制的生产工具呢？马克思、恩格斯认为就是高度发达的社会化大工业。而代表这种高度发达的标志，就是自动化机器体系。所以，马克思又说："当工作机已不需要人的帮助就能完成加工原料所必需的一切运动而只需要人从旁照料时，我们就有了自动的机器体系。"[②]这样，人们就摆脱了物质生产劳动，而达到

---

① 《马克思恩格斯选集》第1卷，人民出版社1972年版，第179页。
② 《马克思恩格斯全集》第23卷，人民出版社1972年版，第418页。

了物质劳动的彼岸，实现由必然王国到自由王国的飞跃，即人的全面、自由发展和人支配物的状态就取代人的片面发展和物支配人的状态。

不言而喻，人们不再是劳动的主要当事者，这也就是说，在自动化的机器体系下，可以创造出这样一种条件，一切剥削者和压迫者都丢去了剥削和压迫的对象，从而也就是否定了自己，否定了一切奴役关系、依附关系和雇佣关系，于是人们就成了独立的、自主的、自由的人，处于主体地位，成为社会的主人。社会由此就变成了一个在自动化机器体系基础上形成的自由人的联合体，可以对全部生产资料实行共同占用、共同使用。这就是共产主义生产资料公有制的形成。所以，公有制是以自动化为标志的生产力的内在统一。

（二）公有制是以精神为主导的物质内容和精神内容的统一

生产资料并不只是简单的物质，它是精神和物质的统一，不仅凝结了人类的智力，而且体现了人类科技成果的积累。马克思说："知识和技能的积累，社会智慧的一般生产力的积累，就是同劳动相对立而被吸收在资本当中，从而表现为资本的属性，更明确地说，表现为固定资本的属性，只要固定资本是作为真正的生产资料而加人生产过程。"人类社会的发展已经预示了知识或智力居于主导和支配地位时代的来临。社会主义公有制以自动（智能化）及其体系为基础，充分体现了生产资料质的飞跃。马克思的"社会发展三形态论"认为，人的依赖关系，是最初的社会形态，在这种形态下，人的生产能力只是在狭窄的范围内和孤立的地点上发展着，与之相对应，手工工具是当时生产力的标志，人类社会处于自然经济条件下。人们的科技水平有限、开发自然的能力低下，人的体力是重要的物质力，生产资料中人的精神（智力）因素微乎其微。但也正是精神（智力）内容不断推动人类科技水平的提高，使生产工具的精神含量不断递增。以物的依赖性作为基础的人的独立性，是第二大社会形态。在这种形态下，才形成了普遍的社会物质交换、全面的社会关系、多方面的需求以及全面的能力体系。与之相对应，机器大工业是生产力发展的标志，人类社会处于资本主义和市场经济时代。由于科学技术不断发展，人类开发自然的能力不断增加，使现有的大多数资源都成为短缺资源。

这样为了解决资源问题，无论生产工具还是劳动对象都因科技发展而发生变化，其中的科技含量日益突破物质的限度，生产资料中的精神（智力）内容逐渐增加而超越物质内容。建立在个人全面发展和他们共同的社会生产能力，成为他们的社会财富，这一基础上的自由个性，是第三大社会形态。与之相对应，自动化（智能化）机器体系是生产力发展的标志，人类社会进入共产主义和产品经济阶段。经济是"以智力资源的占有和配置，以科学技术为主的知识的生产、分配和使用（消费）为最重要因素的经济"。这样，生产工具甚至劳动对象均是科技产品，生产资料中的精神内容取得了对物质内容的绝对优势，经济的可持续发展取决于人类智力资源的开发。同时，知识的复制性、效益递增性、利用无限性等特点，使它不仅具有社会共有性，而且可以不断地供给。市场配置有限、资源短缺的时代也成为过去时，人类真正成为历史的主人。人们不仅可以获取自身发展所需，也可以将自己的劳动直接融入社会之中，这样，每个人的劳动就直接成为社会劳动，产品经济取代了商品经济。因此，社会主义在某种意义上是知识经济的产物，社会主义的真正物质基础是知识经济。

（三）公有制是效率与公平的统一

首先，公有制意味着公平。公平问题从根本上是人与人的利益关系问题；而生产关系也即经济问题，是人与人一切关系的基础和主要部分。生产关系在根本上决定着人与人的利益及整个社会关系。所以，生产资料的公有是公平问题的基础。换言之，私有制之所以不公平，就在于人们在生产资料的占用方面不平等，从而导致经济关系不平等以及政治权利等方面不平等。因此，公有制，即全体社会成员共同占用和使用生产资料，并且在此基础上按需分配消费品，才能实现真正意义上的平等。

恩格斯在《共产主义原理》中强调指出：所谓全社会占用生产资料是"所有这些生产部门由整个社会来经营，就是说，为了共同的利益、按照共同的计划、在社会全体成员的参加下来经营"。显然，从恩格斯的这段话就可以说明，社会主义公有制，在对全部生产资料的关系上，让全社会成员都有平等的管理权、使用权和对产品的分配权，即实现经济的平等和民主。所以马克思、恩格斯认为，实现公有制与消灭国家、消灭阶级、消灭一切不平等现象都是一个意思。在这里所要强调的是，这种公有制并不是认为超越生产力发展的公有制，因为它不仅阻碍生产力的发展、导致普遍贫穷，而且在破坏公平基础的同时丧失了公平。根据以上的分析，这种公有制是生产力高度发展的产物，是人类劳动能力和智力发展的结果，是人类自由、全面发展的客观要求；也正因为如此，公有制推动着社会生产的迅速发展，其本身蕴含着效率。所以马克思主义一贯认为推动生产力发展的所有制才是合理的，否则这种所有制是不可能存在的。无论是奴隶社会、封建社会还是资本主义社会，都曾经促进过生产力的发展，特别是资本主义社会，在它不到一百年的发展中，创造了比过去一切世纪创造的生产力总和还要大、还要多；同时，其公平性也超越了以往的社会。但是，历史的发展同样揭示了这样一个道理：在私有制基础之上的社会对生产力的促进是有限的。所以，奴隶社会为封建社会所取代、封建社会为资本主义所取代。

今天，资本主义还没有退出历史的舞台，一方面是由于它在一定意义上还能推动生产力发展，另一方面是由于它可以在社会发展的推动下，进行着一系列的变革。生产资料从个人所有制到合伙制、再到股份制和股权社会化，正是在社会化的生产力的作用下对私有制一步步扬弃，从某种意义上反映了公有制的发展趋势。马克思、恩格斯的公有制正是建立在这种科学的基础上的，经典公有制是社会生产力高度发展的产物，是人类劳动能力和智力发展的结果，是人类自由和全面发展的客观要求，因而它本身是生产力发展的结果，是适应生产力发展的要求的。特别是由于人的自由全面发展、人支配物的境界的到来，为生产力的发展提供了真正不竭的动力源泉。

四、自由联合体中人的"自由个性"

"自由个性"阶段是马克思对未来的共产主义社会人的发展的科学设想。在这阶段上，人们既摆脱了人的依赖关系，也摆脱了对物的依赖关系，人获得了全面的真正的自由，成为具有自由个性的人。马克思认为，当社会生产力的高度发展，使社会财富的一切源泉都充分涌流之后，经济活动就不再需要通过"交换"的形式来实现，也就不需要"价值"来发挥中间作用，而是以"各尽所能，按需分配"的形式来满足自身的需要。在共产主义社会中，人类从必然王国进入自由王国，支配人类社会的一切客观的力量，完全处于人们的自己的控制之下。现实的个人成为自己的真正主人，开始完全自觉地自己创造自己的历史。

首先，个人从"类"中获得解放。人的本质在现实性上，是一切社会关系的总和。独立存在的个体，总是作为"类"生活在一定的社会关系中。因此，"类"的发展不仅包含着个人的发展，而且要通过个人的发展体现出来。然而，从总体上来看，旧式分工虽然创造了物质文明和精神文明，使人类整体得到了较大的发展，但却一直以牺牲多数个人的发展为代价，人的个体自由的发展与类自由的发展是充满矛盾与分裂的，是对立与冲突的。在前资本主义社会中，个人的自由发展处于缺失状态，"类"（群体）的发展吞噬了个人的发展。在资本主义社会中，对物的依赖使得个人的自由发展只具备表面的独立性。"类"的发展与个人发展之间的张力在共产主义社会得到了彻底解决。共产主义社会是一个"以每个人的全面而自由的发展为基本原则的社会形式"，在这里，个人的价值完全实现，类的发展与个人发展达到了和谐统一，而不再是以牺牲个体自由的发展来获得族类自由的发展。正如马克思指出的"自由王国"是一个"自由人的联合体"，是人和自然之间、人和人之间的矛盾的真正解决，是自由和必然、个体和类之间的斗争的真正解决。也就是说，自由的人是实现了个体自由发展和族类自由发展一致的新的社会主体。这一新型的社会主体，一方面，仍然生活在社会、集体之中，但社会、集体对于个人来说不再是"虚幻的集体"，而是真实的集体，而且个体自由地发展离不开集体。"只有在集体中，个人才能获得全面发展其才能的手段，也就是说，只有在集体中才可能有个人自由。……在真实的集体的条件下，各个个人在自己的联合中并通过这种联合获得自由。"另一方面，人的类自由的发展也离不开个体自由的发展。二者之间是互为前提和条件的。

其次，个人实现了对劳动的解放。在"必然王国"中，人们的活动与劳动具有异化的性质。这种异化不仅表现在人与自己的产品中及劳动的过程中，也表现在他与自己的类本质的关系中。由于劳动具有谋生的性质，人的活动与劳动既是片面的，也是被迫的，不是肯定自己，而是否定自己，因而不是一种自由的活动。在共产主义社会中，生产力高度发达，社会物质产品极大丰富，消费品实行按需分配。这时，迫使人们奴隶的服从分工的情形已经消失，脑力劳动和体力劳动的对立也随后消失，人的劳动就从谋生的手段转变为生活的目的，真正实现了"自主活动"的性质，转变为个人自由自觉的活动。这种自由的活动与劳动，将由高度的科学技术武装起来，并得到自觉地科学管理与自我控制，因而，它不再是奴役的手段，甚至成为人们生活的首要需要。因此，在共产主义社会中，人们的生产劳动就从一种负担变成一种快乐，个人能够根据社会的需要或者他自身的兴趣、爱好，轮流从一个生产部门转到另一个生产部门，也就是说，能够完全自由地发挥他自己的全部力量和才能，从而获得自身自由地发展。他可以随自己的兴趣，今天干这事，明天干那事，上午打猎，下午捕鱼，傍晚从事畜牧，晚饭后从事批判，而不会老是一个猎人、渔夫、牧人或批判的批判者。然而真正自由的劳动，并不意味着劳动只是一种消遣，一种娱乐，而是一件非常严肃且极其紧张的事情。

在马克思看来劳动生产的劳动要成为真正自由劳动必须具备两个条件，"（1）劳动具有社会性；（2）劳动具有科学性，同时又是一般的劳动，是这样的人的紧张活动，这种人不是用一定方式刻板训练出来的自然力，而是一个主体，这种主体不是以纯粹自然的，自然形成的形式出现在生产过程中，而是作为支配一切自然力的那种活动出现在生产过程中"。当然，在社会主义社会下的个人仍属于"偶然的个人"，其根源就在于没有高度发达的生产力，因此，还不能实现个人对于劳动的彻底解放。

最后，个人实现了"自由个性"的解放。在私有制和旧式分工的社会状态中，人是作为片面的、畸形的和异化的人出现的。马克思对此曾批判道："私有制使我们变得如此愚蠢而片面，以致一个对象，只有当它为我们拥有的时候，也就是说，当他对我们来说作为资本而存在，或者它被我们直接占有，被我们吃、喝、穿、住等的时候，总之，在它被我们使用的时候，才是我们的……"而在未来的共产主义社会中，马克思称之为"自由人联合体"中，由于私有财产的积极的扬弃，人实现了对自己本质、生命以及劳动产品的全面占有，然而人这种占有并不能仅仅理解为是直接地、片面地享受或者简单地说是一种占有、拥有，而是作为一个完整的人，以一种全面的方式占有自己的全面的本质。这时，"人同世界的任何一种人的关系——视觉、听觉、嗅觉、味觉、触觉、思维、直观、感觉、愿望、活动、爱等，总之，他的个体的一切器官，正像在形式上直接是社会的器官的那些器官一样，通过自己的对象性关系，即通过自己同对象的关系而占有对象"。也就是说，在这个联合体内，由于消灭私有制，改变人的狭隘的占有方式，实现人的感觉和特性的彻底解放，使之无论在主体上还是在客体上都变成人的，而且每个人的自由发展变成为一切人的自由发展的条件。一方面，每个人都具有完全的独立性，按照内在本性的要求来支配自身的发展，而不是被动地屈从于某种外在的强制；另一方面，相互独立的个人之间完全平等，每个个人的自由发展都能促进全社会一切人的全面发展。由于各个个人在自己的联合中并通过这种联合获得自己的自由个性，这样，人就真正成为自己的自由主宰者。必须指出的是，个人的"自由个性"的解放，并不是指所有的人的所有素质都能无一遗漏的得到发展，也不是指人们都平衡地发展到同一水平，而是指个人的全部才能的"自由发展"，即个人所希望发展的那些个性、素质和潜能都能得到发展。

可见，"自由个性"是对以往个人发展形态的积极扬弃，它既不同于依赖的个人那样依赖于血缘关系或权力统治，也不同于偶然的个人那样依赖于货币，而是依赖于作为个人的个人自身。它是实现了自由全面发展的个人，是个人自由发展的最高形态。

第三章 "三形态"学说
在马克思主义理论体系中的地位

第一节 学界对"五形态"学说以及
其他社会形态划分的争论

一、"五形态"学说的不足

（一）"五形态说"缘起

在考察了马克思和恩格斯的大量著作中，我们并没有发现有明确的文字来说明人类的发展要经历五种社会形态。"五形态"学说是马克思主义研究者对马克思社会发展理论的一种提炼、总结，起源于前苏联。在1919年，列宁在《论国家》这本著作中，将人类社会的发展概括为原始社会、奴隶制社会、农奴制社会和资本主义社会，并且当时苏联已经处于社会主义社会，这总计就是五种社会形态。同时，他还强调了这五种社会形态的更替在世界历史上具有普遍意义和规律性。然后，在1938年，斯大林在《论辩证唯物主义和历史唯物主义》这一著作中进一步阐释了这一观点。他说：

"随着社会生产力在历史上的变化和发展，人们的生产关系、人们的经济关系也相应地变化和发展。历史上生产关系有五大类型：原始公社制的、奴隶占有制的、封建制的、资本主义的、社会主义的，原始公社制度恰恰被奴隶占有制度所代替，奴隶占有制度被封建制度所代替，封建制度被资本主义制度所代替，而不是被其他某种制度所代替。"[1]由此可知，斯大林把整个人类社会的历史看作是由五种生产关系构成的，并且它们是依次递进的，"前一个"是"后一个"的条件，反过来"后一个"是"前一个"的结果。接着在1939年，罗森塔尔和尤金在《简明哲学辞典》把斯大林所说的五种生产关系引申为五种社会经济形态，又进一步把社会经济形态解释为历史上出现的一定的社会经济制度以及与它相适应的上层建筑。同时，他们指出这是人类社会必经的五个社

---

① 《斯大林选集》下卷，人民出版社1979年版，第446页。

会经济形态。因此，"五形态说"就成为统治前苏联社会历史观的权威论断，并且在世界范围内得到了广泛的传播。

在延安整风运动中，毛泽东曾经高度评价了斯大林的这本著作。1941年，毛泽东在《改造我们的学习》中说："研究马克思列宁主义，又应以《苏联共产党（布）历史简明教程》为中心的材料。《苏联共产党（布）历史简明教程》是一百年来全世界共产主义运动的最高的综合和总结。"正是由于历史的原因，十月革命爆发后，马克思主义也相继传入中国，苏联是我们的革命导师。在社会主义运动中，我们知道列宁和斯大林具有至高威望，他们关于社会形态的论述具有不容置疑的权威性，特别以《论辩证唯物主义和历史唯物主义》为理论基础的《苏联共产党（布）历史简明教程》更一度被认为"是一百年来全世界共产主义运动的最高的综合和总结，是理论和实际结合的典型"。于是，《苏联共产党（布）历史简明教程》便成为我国马克思主义者学习、研究马克思主义理论的必读经典著作，而"五形态说"作为理论界阐述中国乃至世界历史演进规律的基本法则就得到了一些人的认可。由此，我们可以看到中国历史被框架在"五形态"之中，也为马克思主义"放之四海而皆准"提供了证明。"五形态"学说不仅具备了学术权威，而且在意识形态领域占有统治地位。

从20世纪80年代以来，随着经济和社会不断地发展，以及全球化的到来，越来越多的学者开始研究马克思和恩格斯的思想，其中一些学者突破了"五形态说"的束缚。他们从不同视角、不同的逻辑结构重新解读马克思主义的社会发展理论。令他们惊讶的是，五种社会形态理论也许只是一些人对马克思主义经典著作的一种误读。随着研究的不断深入，研究成果不断地呈现，现在越来越多的学者坚信我们上文所讨论的马克思关于社会形态发展的"三形态"学说。

（二）对"五形态"学说文本依据的质疑

在马克思所有的著作中，我们能找到支持"五形态"论者的文本依据主要有两本：一是马克思在《德意志意识形态》中分析了部落所有制、古代公社所有制和国家所有制、封建的或等级的所有制形式，一些学者把这些看作是马克思"五形态"论的雏形；二是马克思在《〈政治经济学批判〉序言》中写道："大体说来，亚细亚的、古代的、封建的和现代资产阶级的生产方式可以看作是经济的社会形态演进的几个时代。"①这段文字所描述的四种生产方式再加上共产主义生产方式，正好是"五形态"论者所认为的五种生产方式。在这里，亚细亚的生产方式看作是原始社会生产方式的代名词。但是，如果我们认真地、仔细地、深入地研究马克思的相关著作，那么我们就会发现，马克思在这里所表述的并不是五种社会形态的构想。同时，他更没有想把它们作为具有普遍意义的人类社会发展图式。

第一，马克思在《德意志意识形态》中分析的"部落所有制"，它同"五形态"论者所理解的原始社会是不同的。在《1844年经济学哲学手稿》中，马克思认为人类真正的历史始于"异化劳动"。之后，在《共产党宣言》中，他说："至今一切社会的历史都是阶级斗争的历史。"对此，在《共产党宣言》的英文版中，恩格斯又加了一段说明："在1847年，社会的史前史，成文史以前的社会组织，几乎还没有人知道。"由此可知，在写作《德意志意识形态》时，马克思将人类的原始状态列入历史发展序列是不可能的，这与

①《马克思恩格斯选集》第2卷，人民出版社1995年版，第33页。

上面提到的著作中的观点相矛盾，而且此时马克思和恩格斯理论研究是开始阶段，没有形成系统的对人类早期社会的认识，所以说他们不可能提出"五形态论"。但是，我们知道马克思在这里所说的部落所有制，只是原始社会向阶级社会过渡的一个阶段，社会结构只局限于家庭的扩大：父权制的酋长、他们所管辖的部落成员以及奴隶。隐蔽地存在于家庭中的奴隶制，只是随着人口和需求的增长，随着同外界往来（表现为战争或交易）的扩大而逐渐发展起来的。

第二，马克思在《〈政治经济学批判〉序言》中表述的"亚细亚生产方式"，它被"五形态"论者简单地解读为原始社会生产方式也是错误的。在19世纪50年代后，马克思对东方社会关注时，他在考察了大量著作和材料的基础上提出了亚细亚生产方式。这些材料主要包括贝尔尼埃的《大莫卧儿等国旅行记》和乔治·坎伯尔的《现代印度》等著作，以及大量有关印度问题的官方材料。马克思正是通过深入地研究这些资料，概括和总结了亚细亚生产方式的特点，这些特点包含以下三方面：一是不存在土地私有；二是君主是土地的唯一所有者；三是村社是社会的基本单位。通过亚细亚生产方式的特点的描述，我们知道亚细亚生产方式已经是君主专制制度的国家形式，这与无私有制、无阶级和国家的原始社会相比，二者是完全不同的。实际上，通过考察马克思相关的著作，我们知道马克思在这里所说的亚细亚生产方式，它只是前资本主义生产方式的一种，而不是历史发展所必须经过的一个阶段。

第三，"五形态"论者认为人类历史发展必须经过五种社会形态，而且是按循序依次递进的，五种社会形态的更替在人类历史上具有普遍规律，这从根本上违背了马克思主义的历史观。马克思在《〈政治经济学批判〉序言》中一句"大体说来"已经从文字上表明，马克思只是在对现有资料分析的基础上得出的大概认识，并没有把它看成是普遍规律。以下这段话能表明马克思的观点。1877年，他在《给〈祖国纪事〉杂志编辑部的信》中，对俄国的米海诺夫斯基把一种类似于"五形态说"的历史分期模式强加到自己名下表示了明确的反对："他一定要把我关于西欧资本主义起源的历史概述彻底变成一般发展道路的历史哲学理论，一切民族，不管他们所处的历史环境如何，都注定要走这条路，——以便最后都达到在保证社会劳动生产力极高度发展的同时，又保证人类最全面发展的这样一种经济形态。但是我要请他原谅。他这样做，会给我过多的荣誉，同时也会给我过多的侮辱。"①总而言之，在马克思的历史观中，"极为相似的事情，但在不同的历史环境中出现就引起了完全不同的结果。如果把这些发展过程中的每一个都分别加以研究，然后再把它们加以比较，我们就会很容易地找到理解这种现象的钥匙；但是，使用一般历史哲学理论这一把万能钥匙，那是永远达不到这种目的的，这种历史哲学理论的最大长处就在于它是超历史的"。简而言之，由于历史环境的不同，社会历史的发展绝不会沿袭着任何固定的单一模式而行进。由于各个国家和民族不仅存在着不同的内部结构、文化传统，而且具有不同的地理环境、外部联系，同时处于不同的历史环境之中，所以他们的社会进程也必然呈现出复杂多样的发展图式。

（三）"五形态说"的理论缺陷

通过上文的描述，我们知道"五形态"论者对马克思经

---

① 《马克思恩格斯全集》第19卷，人民出版社1963年版，第130页。

典著作的文本存在着错误解读，从而提出了"五形态说"。但是，就社会发展理论而言，即便"五形态说"作为一种社会发展理论，它自身也存在着无可回避的缺陷。

第一，将"五形态说"作为具有普遍意义的人类社会发展的历史图式，缺乏相应的事实根据。"五形态"论者站在人类社会整体发展的基础之上，并对世界上多数国家都经历过的发展阶段进行抽象概括，从而提出了社会发展的普遍规律——"五形态"理论。事实是否真如"五形态"论者所说呢？答案显然是否定的，因为大家知道科学的理论必须建立在经验事实的基础上。"五形态"论者把五种社会形态的依次递进作为社会发展的普遍规律，如果"五形态"论者坚持的观点是正确的，那么我们就能在世界各国的历史进程中找到相应的经验事实，换句话说，世界上大多数国家和地区的历史进程都是按照五种社会形态依次递进发展的，这就说明了"五形态说"是社会发展的普遍规律。但是，翻开世界历史，我们就会发现大多数国家并没有经过所谓五种社会形态依次演进的历史。事实摆在我们面前，我们没有任何借口进行否认。由此可以推断，将"五形态说"作为人类社会普遍经历的历史图示，缺乏相应的事实根据。通过对大量历史事实的考察，一些学者指出，许多民族在走出原始状态之后，都有过蓄奴现象和奴隶制的存在，但他们认为这并不等于就是奴隶制社会。对于"判断一个社会是不是奴隶制社会，关键要看奴隶制经济是否在该社会的经济生活中占据主导地位，奴隶制现象是否稳定或在较长的时间内存在过。若以此为标准，不仅古代中国，包括古代埃及、古代印度、古代希腊、古代罗马等都没有经历奴隶制社会"。[①]例如原始社会向阶级社会的过渡过程中，由于各个国家和地区原始的公社所有制的形式不同，所以它们解体的形式也各不相同，解体后产生出了各种不同的私有制形式，正如马克思所认为的社会历史的发展绝不会沿袭着任何固定的单一模式而进行一样。马克思还反对将印度、阿尔及利亚等地的"公职承包制"、"荫庇制"简单等同于西欧的封建制。正如我们所了解的农奴制是西欧封建主义的一个基本因素一样，农奴主统治着具有人身依附身份的农奴，但是农奴在亚洲一些国家根本就不

---

① 刘启良：《马克思东方社会理论》，上海学林出版社1994年版，第140页。

存在，所以说西欧封建主义的农奴制无法直接套用于亚洲社会。可见，"五形态说"主张用社会历史的发展沿袭着固定的单一模式规范纷繁复杂的人类社会，这是与马克思的基本思想背道而驰的。

第二，"五形态说"的历史观不能正确地知道社会主义的发展，导致社会主义理论与实践的矛盾与冲突，从而使当代人在理论上产生了困惑。众所周知，理论对实践具有指导作用，先进的理论促进实践的发展，而错误的理论阻碍实践的发展。"五形态说"在它自身理论思维上存在着明显的缺陷，只要对它的机械理解和遵从，就会导致社会主义发展中出现严重错误。正如罗荣渠先生所言："它不是按照生产力的水平来排列社会发展顺序，而是把生产关系作为衡量社会发展水平的主轴，按照生产关系来排列社会发展顺序，这就不能不受到意识形态与价值观念的重大影响。过去人们认为，现实的社会主义生产关系优于资本主义，从而引申出其发展水平已进入比资本主义更高的阶段。这一历史观长期以来教导人们要使生产力跟上'优越性'的生产关系，结果导致实践上的唯意识论。"①

① 罗荣渠：《现代化研究》，北京大学出版社1997年版，第127页。

第三，由于"五形态"论者认为五种社会形态之间是循序递进的关系，这与马克思所认为人类社会历史的发展过程中各种社会形态之间存在跨越式的发展模式相矛盾，这将导致人们无法解释落后国家经过社会革命直接进入社会主义社会的问题。当前，我们国家的一些学者提出了在社会主义发展的过程中要"补资本主义课"的主张，就是根据"五形态说"理论。因为按照"五形态说"的逻辑思路，他们认为在当今时代资本主义尚存并飞速发展的条件下，我们发展社会主义是违背历史发展规律的。这种观点是与马克思社会发展的历史观相矛盾的，但是我们怎么理解马克思所提出的"跨越论"发展的模式呢？我们可以以俄国的跨越式发展来说明马克思的观点。在考察俄国的国情基础上，特别是看到俄国农村公社具有"二重性"，马克思提出俄国是欧洲唯一的国家把全国范围内的农村公社保存到现在的。我们知道农村公社的土地公有制和在此基础上形成的农民的习惯，为向公有制社会过渡创造了有利的条件，同时公社吸收了资本主义制度的一切文明的成果。由于俄国当时自己特殊的历史条件，俄国的公有制社会跨越了资本主义制度的卡夫丁峡谷。由此可知，马克思并没有将资本主义阶段看作人类社会历史发展的普遍环节，而是强调了在对不同的历史发展条件下，不同的国家和地区应根据自己的情况选择适合各自的发展道路。

二、学界关于马克思社会形态不同的划分而引起的争论

学界认为马克思对社会形态的划分主要有以下几种：（1）二形态说。"二形态说"又可分为两种：一是马克思、恩格斯把共产主义社会以前的社会称为"史前社会"，把共产主义社会称为真正人的社会，也即常说的"存在阶级对抗"的社会和"不存在阶级对抗"的社会。二是"必然王国"和"自由王国"的划分。（2）三形态说。这一说法观点较多，这里选取几个影响较大的观点。具体来说包括劳动和人的本质未被异化的阶段——劳动和人被异化的阶段——扬弃异化劳动和人的本质复归的阶段；人的依赖性社会形态——物的依赖性社会形态——人的全面发展的社会形态；无阶级的原始社会——有阶级的阶级社会——无阶级的共产主义社会。（3）四形态说。即原始社会，亚细亚生产方式、古代生产方式和封建生产方式（属同一发展阶段），资本主

义，社会主义四种形态论。（4）五形态说。即原始社会、奴隶社会、封建社会、资本主义社会和共产主义社会。（5）六形态说。即在"五形态说"的基础上，在奴隶制前加上亚细亚生产方式构成"六形态说"。

就"二形态"中第一种划分来看，将人类社会划分为存在阶级斗争的"史前社会"和不存在阶级斗争的真正人的社会两种形态主要有两个缺陷。首先，这种划分是不正确的。马克思这一划分分别出现在《共产党宣言》和《〈政治经济学批判〉序言》中。在《共产党宣言》中有"以往的全部历史都是阶级斗争的历史"的表述；在《〈政治经济学批判〉序言》中则有资产阶级的生产关系是社会生产过程的最后一个对抗形式"人类社会的史前时期就是以这种社会形态而告终"的论述。在这一时期，马克思还没有认识到存在着无阶级存在的原始社会。对原始社会不存在阶级斗争的明确论述首次出现在恩格斯写于1880年的《社会主义从空想到科学》一书中。因此，这一划分并不能概括整个人类历史。其次，以存在阶级斗争与否作为划分社会形态标准过于简单。在马克思这一语境中，代表无阶级斗争的共产主义社会还没有产生，已有的社会都存在阶级对抗，这样划分的结果就是所有的社会形态都是相同的。显然，这一"二形态说"是不能作为马克思关于社会形态发展规律的认识的。

"二形态说"中的"必然王国"、"自由王国"的划分也是不正确的。"必然王国"按马克思本人的解释指的是生产劳动领域，而不是指共产主义以前的社会。马克思指出："像野蛮人为了满足自己的需要，为了维持和再生产自己的生命，必须与自然搏斗一样，文明人也必须这样做；而且在一切社会形式中，在一切可能的生产方式中，他都必须这样做。这个自然必然性的王国会随着人的发展而扩大，因为需要会扩大；但是，满足这种需要的生产力同时也会扩大。这个领域内的自由只能是：社会化的人，联合起来的生产者，将合理地调节他们和自然之间的物质变换，把它置于他们的共同控制之下，而不让它作为一种盲目的力量来统治自己；靠消耗最小的力量，在最无愧于和最适合于他们的人类本性的条件下进行这种物质变换。""自由王国只是在必要性和外在目的规定要做的劳动终止的地方才开始；因而按照事物的本性来说，它存在于真正物质生产领域的彼岸。"显然，

"自由王国"指的是非物质生产领域，而不是指共产主义社会。每一种社会形态中都存在物质生产领域和非物质生产领域，不同之处只是从事这两种领域活动的人所占的比例不同，自由时间发展自由个性的人数不同。因此，这一划分虽能表示社会的发展程度，但并不具有社会形态的意义。恩格斯所说的"必然王国"与"自由王国"在某种意义上可以认为分别指共产主义以前的社会和共产主义社会。许多论者既没有注意到此问题上马克思与恩格斯的不同，也没有对相关概念做细致考察，就想当然地认为"必然王国"指共产主义以前的社会，"自由王国"指共产主义社会，这显然是误读的。总之，"二形态说"在马克思那里是不能被称为社会形态发展规律的。

就"三形态说"中的几种表述来说，第一种以异化劳动为标准的划分显然不会得到马克思的认可。因为其逻辑前提是假设了一个自由自在的本质状态，这其实是启蒙运动思想家常用的"自然状态"的翻版。按照唯物史观和马克思后来对原始社会的认识，由于生产力落后，自由自在的劳动在人类社会早期是不可能的。没有唯物史观的补充解释，很难解释清楚人类社会为什么会从自由自在的劳动状态走向异化状态，然后又从异化状态发展到非异化状态。马克思本人只是在《1844年经济学哲学手稿》中从异化劳动的角度探讨过社会发展问题。从写作《德意志意识形态》时起，马克思就开始全面阐述唯物史观并将之运用到经济学研究之中，一直到晚年，马克思虽然有时还使用"异化"一词，但用异化劳动理论探讨社会发展问题的尝试则再也没有出现过。可见，马克思后来并不认可劳动异化理论，因而也就谈不上将之视为社会形态发展规律了。

"三形态说"中的第二种表述是马克思认可的社会形态发展规律。这正是本文所重点阐述的理论。马克思分别在《既不同于资本主义前的各社会形态又不同于未来的共产主义社会的资产阶级社会的一般特征》、《资产阶级社会条件下社会关系的物化》、《亚细亚的所有制形式》、《资本作为生产的统治形式随着资产阶级社会的发展而解体》、《生产资料的生产由于劳动生产率的增长而增长》、《资本主义社会和共产主义制度下的自由时间》等内容中对人的依赖关系、以物的依赖关系为基础的人的独立性和人的自由个性的产生条件进行了详细论述。

"三形态说"中的第三种表述无疑符合马克思本人的认

识。马克思明确指出："我所加上的新内容就是证明了下列几点：（1）阶级的存在仅仅同生产发展的一定历史阶段相联系；（2）阶级斗争必然导致无产阶级专政；（3）这个专政不过是达到消灭一切阶级和进入无阶级社会的过渡……"因此，可以认为这是马克思认可的社会发展规律。但是，与"公——私——公"的社会经济形态发展规律相比，以是否存在阶级斗争为标准来描述社会形态发展规律则有些牵强。首先，阶级斗争理论在马克思那里缺乏充分的论证。虽然马克思曾多次谈到阶级斗争问题，但与所有制理论相比，他本人并无关于阶级斗争理论的系统论述，一些基本问题，如阶级的划分标准、阶级斗争在社会矛盾中的地位、阶级斗争理论与唯物史观的关系等都缺乏明确的论证。其次，从理论依据看，阶级斗争理论的主要依据是所有制理论，从所有制理论可以演绎出阶级斗争理论，而从阶级斗争理论却不能推论所有制理论。因此，在马克思那里，与阶级斗争为依据的社会形态发展规律相比，"公——私——公"的社会形态发展规律更为充分和具有基础性。

就"四形态说"而言，其错误主要在于将亚细亚生产方式、古代生产方式和封建生产方式作为同一历史阶段。在《1857—1858年经济学手稿》中，关于亚细亚的、古代的、封建的生产方式之间的关系，马克思确实认为它们属于同一历史阶段。此时马克思认为亚细亚的、古代的、封建的生产方式都是在部落或公社所有制基础上形成的，它们之间的不同表现为公有制、私有制所占比例不同，而且这一差异是由于各种自然、历史原因造成的。但是马克思关于"亚细亚生产方式"的认识并没有至此停止。在1881年2月致查苏利奇的信中，马克思对俄国的农业公社与原始公社进行了详细的对比，他认为："农业公社既然是原生的社会形态的最后阶段，所以它同时也是向次生的形态过渡的阶段，即以公有制为基础的社会向以私有制为基础的社会的过渡。不言而喻，次生的形态包括建立在奴隶制上和农奴制上的一系列社会。"从这段话可以看出，此时马克思认为亚细亚生产方式的实质是农村公社，是原始社会的解体形式，在历史阶段上比古代的和封建的生产方式要早。如果三者属于同一历史阶段，那就意味着三者都属于原始社会末期的解体阶段，都属于过渡性的社会形态，显然马克思并不这样认为。因此，

"四形态说"的错误在于将马克思在19世纪50年代的结论作为他的最终认识。因此，"四形态说"也不是马克思认可的社会形态发展规律。

关于"五形态说"，上文已有论述，此处不再重复。如果"五形态说"不是马克思认可的社会形态发展规律，那么"六形态说"显然也不是。"六形态说"不但具备了"五形态说"的所有缺陷，而且还有一个明显的错误，即将亚细亚生产方式作为一个对立的社会形态。在晚年的马克思看来，亚细亚生产方式的实质是农业公社，是原始社会的解体形式，是一种过渡性的社会形态。将这一过渡性形式与原始社会并列显然不符合马克思的观点。

第二节 "三形态"学说丰富了马克思的
历史唯物主义

"三形态"学说以生产力为基础的生产力与社会物质变换关系的统一体，在人和社会生产能力的层面上规定着人的关系的性质及人自身的发展程度的逻辑结构，以"人的依赖

中

性"变化为线索揭示社会发展进程，提高历史唯物主义中人的主体性作用，丰富了马克思的历史唯物主义。"三形态"的提出解决了当代人的生存矛盾：人创造了世界，但世界只是满足人的阶段性欲望。在"三形态"理论中，马克思将人融入社会和历史，在自然经济下的人与人的依赖，在商品经济中演变为了人的独立性发展，更在产品经济的设想中提出了人的全面发展，解决了人与社会的矛盾。

在马克思看来，对哲学而言，人和人的世界的问题是最根本的主题。所谓人就是人的活动，人的世界就是人通过自己的活动为自己建造的。三形态理论通过人本主义关怀，将人的主体地位得以提升，通过对人类实践活动在人类社会生活中作用的全面探讨，在人类学历史上科学地揭示了人类社会的本质和其发展历程。不同于马克思的"五形态"理论的以生产力为基础的生产力与生产关系的统一体，生产方式决定以经济结构为基础的结构与观念和政治的上层建筑的统一体的逻辑架构，"三形态"理论强调了以生产力为基础的生产力与社会物质变换关系的统一体，在人和社会生产能力的层面上规定着人的关系的性质及人自身的发展程度。三形态理论转变了对人和社会、人和历史的问题的研究视角，使人们对哲学问题的研究从单纯的、客体的或直观的形式去理解到从主体方面去理解问题，充分地体现了马克思主义的以人的实践为基础的主体性原则，顺应了人类实践和历史实践的要求。

相对应"五形态"理论的社会演变过程中的经济形态的变换，马克思的"三形态"理论则清晰地揭示了在历史和社会的变换中人的关系形态在人类社会和人类历史中的变化和地位。三种社会形态，即人的依赖性、以物的依赖性为基础的人的独立性和个人全面发展的自由个性的历史规定，是立足于社会历史的一般物质生产基础之上，从人类主体现实的、具体的、历史的地位出发，以主客体的关系为基本线索来考察社会历史发展而得出的正确判断。在这种意义上，整个历史也无非是人类本性的不断变化而已。这种人的关系形态的变化要远远地慢于经济社会的演变。随着生产力的发展和变化，生产关系也随之变换，生产力性质的变化导致的生产力的质变，最终导致了社会物质变换关系的形态的更替，而社会经济形态的变化，产生了五种形态随着其演变过程也在不断地发生阶段性的质变。在"三形态"中所提及的三种人的关系形态则贯穿于三种社会形态依次演变发展的全过程。例如"人的依赖关系"就贯穿在了三种社会形态依次演变发展的全过程中。人的关系和人身的发展，无疑是在更广大的范围内体现了人类社会整体的历史性发展规律。同时人的某一种新型关系的萌芽和发展，即"三形态"中人的关系形态的每一次更替的产生还未占统治地位的特定历史时期内，也直接包含了五形态每一次演变的必要条件。而另一方面，没有社会经济形态的依次更替，人的关系演变就不可能实现。例如，从人的一定新型关系的出现及其发展到这一新型关系形成的一个特定的发展阶段，期间必然交织和渗透着生产方式和生产资料所有制关系的变革，以及以这一变革为基础的一系列政治的和观念的变革。当然一旦一定的新的社会关系作为一个特定的发展阶段而形成，又会以相同的方式推进生产方式的发展和变革。因此马克思在阐述了"五形态"对人所生存的社会的演变的具体过程的同时，又以"三形态"理论阐述突出了人的主体性。并以"三形态"理论来说明人的关系演变的一般规律和向导，以人的新型关系的萌芽和发展对旧的生产方式和生产资料所有制关系解体的催化作用。

相比较"五形态"理论而言"三形态"理论对人的主体性的展现还体现在了对共产主义即产品经济下对人的全面发展的描述上。对于产品经济的描述真正地解决了人的生存矛盾。马克思在分析社会主义向共产主义高级阶段过渡的条件时，其中着重把个人的全面发展与生产力的增长联系起来考察。马克思曾经说过："随着个人的全面发展生产力也增长起来。"在这里马克思不仅看到了人的全面发展的重要，更重要的是他清楚地看到人的全面发展对生产力发展的巨大作用，这是历史唯物主义观点的具体运用。人，从来就不是孤立的个人，而是社会的人。历史已经证明，在任何时代，个人总不能离开社会而单独存在的。"三形态"理论中强调的是人与社会的和谐发展，是人与社会全新的关系。这种新型的人的关系形态使人成为了自己的主人，以人的自身的全面发展来推动社会生产力向前发展。所谓个人的全面发展，主要是指人作为一个完整的人真正地抛弃物化的主体性，而找回并完全占有自身的主体性。每个人越是能够全面发展，就越能推动社会生产力的不断增长。

马克思主义哲学的一大创新之处就在于其创立了实践哲学的思想。马克思以工业文明实践作为"人体解剖"的标本，深刻揭示了"实践"的内涵和意义，把"实践"作为理解人的本质以及人和世界关系的钥匙，创立了实践的唯物主义学说。在马克思的"五形态"理论中运用了以生产力变化导致生产关系和社会关系的变化，最终导致社会沿着一种固定的经济社会模式依次向前更替的逻辑结构。这种逻辑架构方式，说明了实践客体的一般性变化规律，减少了对实践主体的关注，而实践的哲学是离不开实践主体的。与"五形态"理论中只针对实践客体的研究不同，"三形态"理论在对实践客体的探讨的基础之上，更是对实践主体作了充分的研究。在"五形态"理论的基础上"三形态"理论将人这一实践主体与社会和历史的发展紧紧联系到了一起，是基于人的依赖关系的三形态理论。马克思把自由的实现与人的实践活动的发展、社会的前进这一统一过程概括为三个基本形态。从开始的自然经济下的人的依赖关系到商品经济下的物的依赖关系以及产品经济下的人的自由个性的发展，这三种社会形态的依次更替都与实践主体息息相关。只有在以改造客观自然为基础的实践活动中，人的主体性才能得以实现，人才能成为自然界的主人、社会的主人、自己本身的主人。这种对实践唯物主义的理解也丰富了马克思历史唯物主义。

在自然经济形态，人与人的依赖关系下，实践建构了人与自然的和谐关系。实践使人从简单的物质存在物，变成了有意识的存在物。马克思说："在我个人的活动中，我直接证实和实现了我的真正的本质，即我的人的本质，我的社会本质。"实践的目的就是使人突破和超越自然界对人自身发展的束缚。在人类社会的最初形态上，虽然人不能依靠自己的力量征服自然界，但人已经学会从自己的需要出发，支配和利用外物，使自然物按照人的意愿存在和发展变化。通过实践的过程人的本质力量得以显现。人在进行改造客观世界的创造活动的同时，也在创造着自己的生命本质，人类历史和社会也就随着人的社会实践活动不断探索而前进着。

在商品经济形态，人与物的依赖关系下，实践建构了人与社会的和谐关系。资本主义形态下人通过实践建立了自己的属人世界，脱离了自然的束缚。人的活动变为自主的活动，自主的实践活动创造了人的社会关系。人是一切社会关系的总和，受社会关系的制约，实践的能动性决定了身为实践主体的人可以通过劳动实践活动创造新的社会关系，使人成为社会的主人。

在产品经济形态下，实践使人成为了自己的主人。实践过程本身就是对人的认识和自身素质的不断修正、完善的过程。实践在改造外部世界的同时改造着人的新思想、新观念。人只有超越自身，才能成为自己的主人，才能实现对自然界的真正超越。"三形态"中的产品经济时代就是共产主义社会。随着人的实践能力的提高，使人能够在实践活动中消除异化现象。用实践扬弃异化，从而向更高的层次跃进。消除了对物的依赖性。正如马克思所说的一样："能力的发展就要达到一定程度和全面性，这正是以建立在交换价值基础上的生产为前提的，这种生产在产生出个人同自己和别人的普遍异化的同时，也产生出个人关系和个人能力的普遍性和全面性。"

马克思"三形态"理论中把人这样一个实践的主体看作理解人、理解人与社会、理解人与历史的基础。通过对人类实践活动引起的人类社会一系列的变迁来体现人作为人的自身的本质。社会在人与自然界的不断对象化过程中依次向着下一个新的社会形态进发，社会形态由低级到高级地不断发展。

"三形态"学说提出的三个阶段，即人的依附关系、以物的依赖性为基础的人的独立性和自由人的联合体。从人的劳动的异化、人被物的异化到全面自由的人，人的发展的三个阶段也是一个否定之否定的过程。在某种程度上说，"三形态"学说体现了马克思辩证的唯物主义。

我们知道"三形态"学说中的三阶段之间是这样，并且在每一形态内的不同阶段也是这样，从人类已经走过的两个形态的事实就能证明我们以上的陈述。众所周知，在第一形态内，人类社会的发展依次经历了原始社会、奴隶社会、封建社会，毫无疑问它们之间完成一个否定之否定的过程，使人类摆脱了"原始丰富性"的状态。在第二形态内，资本主义社会从自由资本主义到垄断资本主义再到现在，我们同样发现人类自由个性在否定的过程中逐渐增多。由此可知，否定之否定的规律是人的发展规律，并且揭示了人的发展是一个扬弃的过程。

第三节 "三形态"学说是人类解放的
辩证逻辑原理

一、马克思"人类解放"思想的性质和内容

我们想要认识"人类解放"思想的性质，首先就必须要认识"人类解放"本身。解放是指在反动统治的压迫下争取自由和权利，解除束缚的过程。但解除反动统治的压迫，争取自身的发展，实质上只是一种消极的自由，即免于遭受外在客观条件限制的自由，而不是按照自我意愿和决定去积极行为的自由。在马克思主义者看来，人的解放和积极自由是相一致的，不只是解除落后、腐朽的剥削阶级国家对人的约束的自由，而是更加强调主体自主自觉的积极的自由。

"人类解放"思想在性质上，特指无产阶级的解放。马克思认为无产阶级的解放与"人类解放"是高度一致的：一方面，无产阶级代表了最广大人民群众的根本利益。19世纪中叶，无产阶级在数量上占据人类群体的最大多数，用

劳动创造了人类社会的文明和财富，但却处于最悲惨、最贫穷的社会境地。在《〈黑格尔法哲学批判〉导言》中，马克思指出："德国人的解放就是人的解放。这个解放的头脑是哲学，它的心脏是无产阶级。"所以，马克思为全人类最多数人的命运着想，将"人类解放"的命运寄托在无产阶级的解放上；另一方面，无产阶级只有在解放全人类的同时才能最终解放自己。正如恩格斯指出《共产党宣言》的思想核心是"如果不同时使整个社会一劳永逸地摆脱一切剥削、压迫以及阶级差别和阶级斗争，就不能使自己从进行剥削和统治的那个阶级（资产阶级）的奴役下解放出来"，人类的解放是最全面、最彻底的解放，它要消灭阶级、消灭国家、还要消灭劳动差别、消灭无产阶级自身，最终使全人类都获得自由。实现全人类的解放，这也是无产阶级的必然历史使命。

"人类解放"包含了无产阶级的政治解放、经济解放、社会解放、精神解放和人类自身的解放。马克思认为，人类历史在起点上是自由的，人本身是大自然的一部分，人改造自然、改造社会以及改造人类精神世界的行为，最终将人异化为物的统治、人的统治和精神的统治。因此，人类解放和发展的使命，不仅要战胜自己创造的物质世界，而且要战胜自己创造的精神世界，人的解放和发展是人与自然、人与社会、人与人、人与自身相互作用的过程，因此"人类解放"的最终目的是为了人自由全面的发展。

具体来说，政治解放意味着无产阶级从被压迫、被剥削的命运中解放出来，使自己成为统治阶级，建立无产阶级统治的、人民当家作主的无产阶级专政的国家制度。这样的国家权力才能代表社会普遍利益，国家公务人员才能成为维护人民权利的公仆。经济解放是指无产阶级掌握国家政权之后，建立以公有制为基础的所有制经济制度，实行按劳分配，发展社会生产力、提高劳动生产率、大规模开展国家经济建设，不断丰富和满足全体人民的物质生活。社会解放就是实现社会的公平正义，无产阶级掌握国家权力后，要全面发展社会公共事业，维护全体人民的根本利益和社会各方利益，实现社会的公平正义。精神解放就是摆脱一切旧思想、观念、习惯、意识形态的束缚，在精神方面达到自由自觉的和谐状态。关于人类自身的解放，马克思在《共产党宣言》中提出"代替那存在着阶级和阶级对立的资产阶级旧社会的，将是这样一个联合体，在那里，每个人的自由发展是一切人的自由发展的条件"，共产主义就是要建立这样一个自由人的联合体。马克思在唯物辩证法和历史唯物主义的基础上，建立起了无产阶级和全"人类解放"的理论大厦，这也成为马克思主义理论的归宿和灵魂。

二、社会形态自我否定的原理

（一）社会形态发展的客观必然性

社会形态是与生产力发展的一定阶段相适应的经济基础和上层建筑的统一体。马克思对社会形态的具体划分，主要依据社会的经济关系（生产关系），其旨在于揭示社会形态发展的客观必然性。

首先，马克思根据人的发展与经济社会形态的关系，提出了三种社会形态的理论。从社会形态演变的"三形态"来看，主体人的生存状态是一个从前资本主义社会的"人的依赖"，经过资本主义私有制市场经济的"以物的依赖性为基础的人的独立性"，再发展到共产主义社会的以"个人全面发展"为"基础"的"自由个性"的辩证过程。在"人的依赖"的社会形态当中，个人依附于群体，个人不具有独立性，只不过是"一定的狭隘人群的附属物"。在"以物的依赖性为基础的人的独立性"的社会形态当中，个人摆脱了人身依附关系而获得了"独立性"，但这种独立性却是以物的依赖为基础的。人依赖于物，人受物的统治，人与人的关系受制于物与物的关系（商品关系），人在对"物的依赖性"中"再度丧失了自己"（异化），于是，"人的依赖"时期对神的崇拜变成对"物"的崇拜（商品拜物教）。如果说在"人的依赖"社会，宗法血缘的伦理调节是社会健康运行必不可少的外在约束，那么，在"物的依赖"社会，市场就成为物与物交流、人与人交往的内在要求。但到了共产主义社会，随着人们自由个性的充分展示，物对人的统治结束了，人受"抽象"统治的时代一去不复返了，市场作为人们交往和商品交流的中介的必要性已失去了现实前提。其出发点是人，人在不同经济社会形态中的表现，反映了人的不同发展状况，由此我们看到经济社会形态由低级到高级依次发展，即由自然经济到商品经济，再到产品经济依次演进的经济社会形态。

其次，马克思根据唯物史观原理，在考察了人类社会历史发展的基础上，提出社会形态的发展是一个自然历史过程，并且发现了人类社会历史演进的客观规律性。马克思在《资本论》1867年第一版序言中说："我的观点是把经济的社会形态的发展理解为一种自然史过程。"①众所周知，自然界的发展是一个客观的、物质的、辩证的过程，并且是不以人的意志为转移的，同时具有客观规律性。马克思的这句话表明，人类社会的发展也是这样的。马克思在《〈政治经济学批判〉序言》中指出："人们在自己生活的社会生产中发生一定的、必然的、不以他们的意志为转移的关系，即同他们的物质生产力的一定发展阶段相适合的生产关系。这些生产关系的总和构成社会的经济结构，即有法律的和政治的上层建筑竖立其上并有一定的社会意识形式与之相适应的现实基础。物质生活的生产方式制约着整个社会生活、政治生活和精神生活的过程。不是人们的意识决定人们的存在，相反，是人们的社会存在决定人们的意识。社会的物质生产力发展到一定阶段，便同它们一直在其中运动的现存生产关系

---

① 《马克思恩格斯选集》第2卷，人民出版社1995年版，第101—102页。

或财产关系（这只是生产关系的法律用语）发生矛盾。于是这些关系便由生产力的发展形式变成生产力的桎梏。那时社会革命的时代就到来了。随着经济基础的变更，全部庞大的上层建筑也或慢或快地发生变革。"

从以上的论述中，我们看到马克思阐述了社会构成的基本要素有生产力、生产关系、经济基础和上层建筑。他也阐述了社会基本矛盾就是生产力与生产关系的矛盾、经济基础与上层建筑的矛盾。这两个矛盾存在一切社会形态之中，规定社会的性质和基本结构，贯穿于人类社会发展的始终，推动人类社会由低级向高级的发展。生产力决定生产关系，经济基础决定上层建筑，当生产关系适应生产力的发展要求时，它便促进生产力的发展，否则，它将会阻碍生产力的发展，上层建筑同样如此，符合经济基础要求时就会促进其发展，相反则会起阻碍作用。社会基本矛盾是社会发展的根本动力，生产力在社会基本矛盾中是最活跃、最革命的因素。随着社会生产力的不断发展，必然要求一定的生产关系也随之发生相应的改变，一旦生产关系形成，那么它在一定时期是相对稳定的，在这段时期里它能容纳生产力的发展。如果生产力的发展超过了生产关系容纳的期限，那么生产关系就会阻碍生产力的进一步发展，随之而来的是生产关系发生改变或者变革。列宁非常赞同马克思的上述思想，并把它称之为社会学中"天才的思想"，并进一步指出："只有把社会关系归结于生产关系，把生产关系归结于生产力的高度，才能有可靠的根据把社会形态的发展看作自然历史过程。"①

最后，马克思根据社会形态更替客观必然性及其对实现条件的分析，明确提出"两个决不会"的思想，从而进一步深化了社会形态更替是一个自然历史过程的思想。马克思指出的"两个决不会"的思想是指："无论哪一个社会形态，在它所能容纳的全部生产力发挥出来以前，是决不会灭亡的；而新的更高的生产关系，在它的物质存在条件在旧社会的胎胞里成熟以前，是决不会出现的。"从上述的描述中，我们知道当生产关系符合生产力的发展要求时，它是不可能灭亡的。新的生产关系的产生，也是由于旧的生产关系对生产力的发展产生了阻碍。所以说，不论旧的生产关系的消灭和新的生产关系的产生，都是以生产力的发展程度为基

① 《列宁选集》第1卷，人民出版社1995年版，第8页。

础的。生产力是社会存在和发展的物质基础，是人类社会发展的最终决定力量。当生产力发展到一定阶段原来的生产关系再也容纳不下它的发展时，就迟早会引起生产关系的根本变革，使旧的生产关系为新的生产关系所代替。而在一种生产关系所容纳的生产力还有发展空间时，提出消灭这种生产关系是不切实际的。众所周知，在《共产党宣言》中，马克思、恩格斯提出关于"资产阶级的灭亡和无产阶级的胜利是同样不可避免的"的科学论断，这句话表明了人类社会的发展必然由资本主义社会形态走向共产主义社会形态，共产主义必然取得最后的胜利。当然这种必然性的实现不仅是有条件的，而且是不以人的意志为转移的。正如马克思关于"两个决不会"的思想告诉我们的一样，历史必然性的实现依赖于现实的条件，只有满足相应的历史条件，这种必然性才发生，而主观愿望是天方夜谭、白日做梦。由于资本主义社会生产资料的私人占有制和社会化大生产之间的矛盾，所以资本主义必然灭亡。但是我们清醒地认识到，资本主义制度不可能甘心灭亡，为了自身的生存和发展，他们将会对生产关系的某些环节和方面进行自我调节和改善，从而使得资本主义生产关系对生产力的容纳时间更长，灭亡的时间也相应向后延伸。同时，资本主义发生了一些新变化，阶级关系和社会矛盾也有一定程度的缓和。尽管资本主义为了自身生存和发展采取一些措施，但是这根本不可能改变资本主义最终灭亡的命运。总之，社会形态的更替具有客观必然性，是一个自然历史的过程。

（二）社会形态更替的历史辩证法

马克思系统地论述了社会形态发展的客观必然性，从而揭示了社会形态更替的普遍性（统一性）和特殊性（多样性）相统一的历史辩证法。这为我们正确认识社会形态历史演进提供了科学的方法论。

在解读马克思社会形态理论时，列宁指出：如果对于社会现象的分析只是局限于思想的社会关系而不是物质的社会关系即生产关系，则始终不能发现各国社会现象中的规律性。而"一分析物质的社会关系，……立刻就有可能看出重复性和常规性，把各国制度概括为社会形态这个基本概念"[1]。这段话表明，列宁不仅分析了马克思社会形态理论形

---

[1]《列宁选集》第1卷，人民出版社1995年版，第38页。

成的过程，而且阐述了社会现象的本质联系和一般规律，同时也解释了社会形态概念的基本内涵。众所周知，概念能正确地反映思维对象本质属性，同时它具有抽象性和概括性，"社会形态"概念也不例外。马克思在复杂的社会现象中发现了它们之间的本质联系，不同制度的国家或民族的性质在生产关系的区别中被认识了，在二者的基础上，他提出了"社会形态"概念。马克思根据社会发展普遍规律、社会形态依次更替的一般规律以及社会发展共同本质的认识，提出了"三种社会形态"说。它表征着社会形态演进的普遍性和统一性。从社会形态发展的纵向轨迹来看，人类社会发展一般都是由低级到高级的不断向前发展，即依次经历人的依赖性社会、物的依赖性社会和个人全面发展的社会。

除了社会形态更替具有普遍性和统一性，马克思还指出具有特殊性、多样性。其主要表现如下三方面：一是处于同一社会形态的不同国家和民族的历史具有各自的特点。例如东方民族和西方民族同处在奴隶社会，但是二者的生产力水平并不完全相同，二者的土地所有制具体形式不同，二者的奴隶主剥削奴隶的具体方式不同。二是社会形态在更替由较低社会形态向较高社会形态转变中，不同国家采取的过渡形式不同。例如在由封建社会向资本主义社会转变中，法国采取革命的形式（法国1789年资产阶级大革命），德国和日本采取改良的形式。三是一个国家和民族超越某个或某几个社会形态直接进入高一级的社会形态。例如在欧洲，西欧的日耳曼民族在征服罗马帝国之后从原始社会直接走向封建社会；在北美洲，欧洲移民进入后迅速地在原始社会基础上建立起资本主义社会；在非洲，一些民族分别在原始社会或封建社会的起点上直接走上资本主义道路。在概括资本主义社会产生的途径时，马克思指出："在现实的历史上，雇佣劳动是从奴隶制和农奴制的解体中产生的，或者像在东方和南斯拉夫各民族中那样是从公有制的崩溃中产生的，而在其最恰当的、划时代的、囊括了劳动的全部社会存在的形式中，雇佣劳动是从行会制度、等级制度、劳役和实物收入、作为农村副业的工业、仍为封建的小农业等等的衰亡中产生的。"[①]由此可见，由于不同国家和民族的历史条件不同，所以社会形态更替并非如出一辙，在更替的形式、途径

①《马克思恩格斯全集》第46卷上册，人民出版社1979年版，第14页。

等方面具有特殊性和多样性。

为什么社会形态更替会出现特殊性和多样性呢？对此，马克思的回答是：社会形态的更替是内因和外因综合作用的结果。通过观察世界历史进程，我们发现，由于各个国家和地区具有自身地缘、血缘，不同的内部结构、文化传统，以及不同外部环境，这些不同的历史条件就决定着一个国家和地区的社会形态更替与另一个国家和地区不相同，进一步表明了社会形态在更替过程中会出现特殊性和多样性。除此之外，生产力与生产关系的矛盾运动的民族性和世界性的相互作用，也使社会形态在更替过程中具有特殊性和多样性。因为社会基本矛盾规定社会的性质和基本结构，同时也能决定社会形态的更替，而生产力与生产关系的矛盾是社会基本矛盾的主要方面。从生产力与生产关系的矛盾运动的角度来看，影响社会形态更替出现特殊性表现在如下两方面：一方面，生产力与生产关系的矛盾运动，这决定了在不同国家或民族具有不同性质、结构和运行机制；另一方面，随着生产力的不断发展和社会交往的日益扩大，特别是世界全球化、一体化的形成，使得各民族的生产力与生产关系的矛盾运动超出了民族的狭隘地域，从而在全球范围内形成相互影响、相互渗透的整体运动。由此证明了上述观点。在历史的进程中，我们看到如果当各个国家或民族处于封闭状态时，那么每一个民族的历史发展都要重复"同一的历史必然性"，同时社会发展主要表现为"原始的、通过自然发生的途径产生的"自然形态。然而，当人类社会的交往步入区域性、世界性之后，我们看到各民族之间在各方面的互相往来和互相依赖代替了过去那种自给自足和闭关自守状态，从而形成了各民族之间的变革都有互相依存关系的状态。与之相应的，社会发展又主要表现为"派生的、转移来的、非原生的生产关系"的派生形态或超越形态。通过上面的论述，我们知道人类社会形态更替的特殊性和多样性，取决于内因和外因的综合作用。正如马克思所说：一个民族"本身的整个内部结构也取决于自己的生产以及自己的内部和外部的交往的发展程度。"①

列宁也指出："个别一定与一般相联而存在。一般只能在个别中存在，只能通过个别而存在。任何个别（不论怎样）都是一般。任何一般都是个别的（一部分，或一方面，或本质）。任何一般只是大致地包括一切个别事物。任何个

①《马克思恩格斯选集》第1卷，人民出版社1995年版，第68页。

别都不能完全地包括在一般之中。"①通过这段话，我们知道事物的普遍性与特殊性是对立、统一的。一方面，普遍性寓于特殊性之中，并通过特殊性表现出来，没有特殊性就没有普遍性；另一方面，特殊性也离不开普遍性，不包含普遍性的事物是没有的。这为我们正确认识社会形态普遍性与特殊性的相互关系提供了科学的方法论。从而这也说明了社会形态更替的普遍性、统一性与其特殊性、多样性并不是绝对对立的，也不是绝对一致的。因此，这要求我们既要从社会形态更替的特殊性和多样性中概括出社会形态发展的普遍性和统一性，又要从社会形态更替的普遍性和统一性中把握社会形态发展的特殊性和多样性。

三、实现了辩证法的历史转换

在马克思看来，由于受社会历史条件的制约，人类解放并不是能够一蹴而就的历史活动，它需要经历不同层次与阶段的历史发展，因此人类解放将具体地内化为政治解放、社会解放和劳动解放等向度的解放形式。这些解放形式作为人类解放理

①列宁：《哲学笔记》，人民出版社1974年版，第409页。

论叙事结构的元素，受到了马克思的充分重视。在马克思对社会现实的唯物史观考察中，他既没有脱离政治解放、社会解放和劳动解放的时代要求，也没有囿于政治解放、社会解放和劳动解放的叙事框架，而是着眼于从多向度的解放到人类解放的路径阐述，辩证地审视多向度的解放与人类解放之间的内在张力与历史转换，从而把推进社会现实向前发展的出发点和基本思路合理地纳入到人类解放的价值目标中，并通过政治解放、社会解放和劳动解放的具体实践路径来为人类解放的实现奠定基础、创造条件，最终达到人类解放。

政治解放是资产阶级的政治革命，即市民社会革命的结果，是"同人民相异化的国家制度即统治者的权力所依据的旧社会的解体"。旧的市民社会是封建主义性质的社会形态，直接具有政治性质，它的生活要素以各种形式上升为国家的生活要素，并以这种形式规定了单一的个体对国家整体的关系。但是政治革命消灭了旧的市民社会这一政治性质，政治解放促使了封建专制制度的灭亡，使市民社会与政治国家相分离，重新确立了个体与国家的关系。马克思肯定了这一解放形式的历史意义时指出："政治解放当然是一大进步；尽管它不是普遍的人的解放的最后形式，但在迄今为止的世界制度内，它是人的解放的最后形式。不言而喻，我们这里指的是现实的、实际的解放。"与此同时，马克思也尖锐地指出政治解放的历史局限：尽管政治国家与市民社会相分离但却无法压制自己的前提——市民社会及其要素，政治国家的建立仍然需要重新承认、恢复和服从市民社会的统治。政治国家只有同自己的生活条件发生暴力矛盾，只有宣布革命是不间断的，才能做到这一点，因此，正像战争以和平告终一样，政治解放必然要以宗教、私有财产和市民社会一切要素的恢复而告终。对政治解放路径局限性的揭示必将转向对市民社会的批判，这就客观要求实现社会解放。

在资本主义性质的市民社会中，私有财产天然不可侵犯，社会生产关系采取了物的形式，人和人在劳动中的关系表现为物与物、物与人之间的关系。于是，生产关系的物化导致整个社会关系的物化。在市民社会中，人与人之间的共同活动产生了一种社会力量，这种社会力量是异己的、在人们之外的强制力量，不是人们自身的联合力量。而社会解放就是在实现政治解放的历史前提下消除这一市民社会的异化力量，这取决于对资本主义私有制的消灭。私有制的消灭，有赖于"劳动阶级在发展进程中将创造一个消除阶级和阶级对抗的联合体来代替旧的市民社会；从此再不会有原来意义的政权了。因为政权正是市民社会内部阶级对抗的正式表现。"资本主义政权的消亡意味着公共权力失去了政治性质，也不再作为异己的社会力量制约人，但这并不代表人类解放的最终实现。因为，即便无产阶级在革命实践中夺取政权、实行无产阶级专政，"在经济、道德和精神方面都还带着它脱胎出来的那个旧社会的痕迹"。社会解放还只是客体向度的社会力量的解放形式，真正的人类解放还需要进一步实现主体向度的主体性解放，即立足于劳动活动来理解社会历史发展的劳动解放。

"劳动是人在外化范围之内的或者作为外化的人的自为的生成"，劳动对人而言，不仅仅是客观中性的事实规定，而且也是人的自我生成、人的个性以及人的类本质的价值性体现。马克思认为，劳动作为人类生活的全面的和本质的因素，本应是自由自觉的、创造性的活动，但是，在资本主义私有制条件下，甚至在无产阶级专政的情况下，由于社会生产力的限制，劳动带有异化的、强制性的消极特性。劳动解放要求在一定的社会条件下，消灭剥削和实现劳动联合，促进社会生产力的发展，从而为个人生产力全面的、普遍的发展创造和建立充分的物质条件。"无产者，为了实现自己的个性，就应当消灭他们迄今面临的生存条件，消灭这个同时也是整个迄今为止的社会的生存条件，即消灭劳动。""消灭劳动"就是要消灭阻碍人的全面发展、奴役人的异化劳动。对于人类解放来说，自由自觉的劳动是目的，不是手段，是个人的生命和个性特点的直接表现，是对人的本质和社会的本质的证实和实现。就此而言，劳动解放作为人类主体向度的解放及崇高价值性的体现与人类解放高度一致。

总之，在实现政治解放的历史前提下，人类解放的路径呈现出社会解放和劳动解放两个向度，社会解放侧重于从社会历史的客体向度即社会力量的角度寻求人类解放的路径，而劳动解放则具有直接的主体人文关怀意味，强调建立在个人全面发展基础上的自由个性。辩证地审视多向度的解放形式与人类解放之间的关系，我们必须明确，在唯物史观的视域中，社会历史的发展具有客观性、规律性和阶段性，经济的社会形态以及与之相应的社会政治形态的发展，都包含了不可取消的、合乎规律的、不可超越的各个历史阶段，政治解放、社会解放和劳动解放作为实现人类解放的具体化路径，是人类从"物的依赖性"到"自由个性"的历史转换，是一种经由社会现实的变迁凸显出来的人类自然史道路，它们作为马克思人类解放理论叙事结构的元素，反映了人类解放的阶段性和层次性，并与历史唯物主义一起，将历史的科学叙事指向共产主义。

共产主义是一场总体性的历史转变运动，不仅在生产方式和制度组织等物质形态层面将发生颠覆性的改变，而且在价值理念和心性结构等精神气质层面也将焕发出全新的面貌。马克思对共产主义这一社会和心灵全方位秩序转变运动的阐发，集中凝聚在对"自由个性"的物质保障分析和理论构想之上。马克思认为，共产主义运动所要实现的"自由个性"是人类社会发展的第三大形态的表征，是人类最大的历史转变，即从纯粹自发的发展阶段转变到自觉的完善阶段、从物对人的统治阶段转变到人对物的自由支配阶段、从"必然王国"转变到"自由王国"。

马克思把共产主义看作是否定社会生活所有异化和对抗形

式的一个历史过程，根本没有把它同某种绝对的、更加完备的
社会发展体制联系在一起。而过去和现在的很多空想家们的缺
点恰恰就反映在这一点上。马克思人类解放理论的叙事结构所
指向的终极目的——共产主义不是某种僵化的、死板的制度组
织，而是不断变化革新的历史过程。在这个历史过程中，共产
主义作为科学性的社会理想，表征一种合目的性和合规律性的
社会结构安排；共产主义作为伦理性的道德理想，表征一种合
乎人性的"自由个性"模式。其中，前者是后者的物质保障，
后者是前者的理论构想。这个转变过程既具有科学真理性，又
富含价值理想性；既需要客观的物质生产的飞跃，也需要主
观的心性气质的革新。在马克思看来，"自由个性"作为共产
主义运动的目标，只能以高度发达的社会生产力为基础，并
且这种生产力的发达不是地区和民族的现象，而是具有世界
历史性的现象，否则，就只会有贫穷、极端贫困的普遍化；
而在极端贫困的情况下，必须重新开始争取必需品的斗争，
全部陈腐污浊的东西又要死灰复燃。资本主义是处于"必然
王国"阶段的社会形态，在其社会关系中，机遇和竞争占绝
对的统治地位，大多数人与生产方式的关系是异化的关系，

从事的劳动是外在目的规定性的劳动，"现实的个人"的自由联合还未能进入人类的实践视野。随着社会生产力的世界历史性发展、对资本主义私有制的彻底否定以及共产主义所有制的确立，生产力作为人类的社会力量，将不再是个人压迫、剥削和奴役他人的手段，而是成为社会的人的自身力量。这种无情的社会劳动生产力才能构成自由人类社会的物质基础，从而奠定人类社会向"自由王国"飞跃的可能性。

透过马克思对"自由个性"物质基础的分析可以发现，其根本的指向是劳动者的解放。"自由个性"物质基础的积累过程也是社会结构的转变过程与人的精神气质等内在结构的历史性生成过程。马克思还认为，在"必然王国"的社会形态中，个人是原子式的分散个体，个人的劳动是自发的、被迫的，个体之间的自发交往与联系所产生的社会力量对人来说是一种异己的力量并与人自身相对立。而社会生产力发展到极高程度，物质资料充分涌流，"自由时间"就会出现，在这种客观条件下，从前被异化的个体将得到解放，自主的活动将成为人类生命的自由自觉的本质，人们将在全新的社会形态中转变为完整的和全面发展的人。正如马克思所言，"以物的依赖性为基础的人的独立性，是第二大形式，在这种形式下，才形成普遍的社会物质变换、全面的关系、多方面的需要以及全面的能力的体系。建立在个人全面发展和他们共同的、社会的生产能力成为从属于他们的社会财富这一基础上的自由个性，是第三个阶段。第二个阶段为第三个阶段创造条件。"从"必然王国"向"自由王国"的转变过程，不仅是生产方式、制度组织的转化，更是人自身的焕然一新，是人的精神气质等内在结构的革新。在"必然王国"的国度里，由于资源的有限性、资源分配的多元性与复杂性，利己主义成为"偶然的个人"即原子式的异化的人无法克服的缺陷。他们为了自身生存和发展的利益需要，竞争成为其核心价值理念；在"自由王国"的国度里，个人得到全面发展从而成为有"自由个性的个人"，他们是社会化的人，是以人为核心价值理念联合起来的劳动者，"自由人的联合体"这一理论构想成为了真正的社会现实，"偶然的个人"向着有"自由个性的个人"转化的历史过程，是一个历史事实。因此，共产主义不仅是一种全新的社会结构的生成，更是一种全新的人的历史性生成。

四、人类解放获得了逻辑必然性

"人类解放"的条件就是要消灭一切阶级，使人获得自由发展的社会环境。马克思和恩格斯对"人类解放"条件的认识来源于对资产阶级和资本主义社会的深刻理解和彻底批判，"人类解放"的实现在理论上需要三个阶段：第一阶段是人的依赖关系，第二阶段是物的依赖关系，第三阶段是人的自由全面发展。在革命实践中则表现为，第一是通过革命实践，无产阶级上升为统治阶级，建立无产阶级专政，实行人民民主，实现政治解放；第二是通过无产阶级专政，建立生产资料公有制和按劳分配的经济制度，大力发展生产力，丰富人民群众的物质财富，实现经济解放；第三是通过生产力的积累和政治、经济、社会、文化的巨大进步，使人类进入各尽所能、按需分配的共产主义社会，进而实现人自身的解放。

马克思构建的"人类解放"理论包含了从政治解放到经济解放、人类自身的解放，最终实现人的全面自由发展。这三个发展阶段彼此联系、前后承接，体现了马克思"人类解放"体系历史逻辑的辩证统一。政治解放是经济解放的政治准备，经济解放是"人类解放"的物质条件。"人类解放"思想的实现将会让劳动者更加合理地处理人与自然、人与社会和人与自身的关系，实现人的全面自由的发展。

正如黑格尔所言，一切巨大事物和人物的发展都是经历两次"飞跃"的，人类解放的过程同样也像辩证发展的形式一样经历了曲折或"飞越"的过程，例如政治解放和人类解放都经历了这样的进程。这就让我们明白了一个道理：涵盖全人类历史的两次"事变"的政治解放与人类解放，它的影响远远大于"解放"自身。"解放"是质与量规定的约束，那么，"两次"意义也显得尤为重要。应为"两次否定"的结果是两次断裂，而两次断裂把历史逻辑地切分成"三个阶段"，这就是我们所说的前资本主义阶段、资本主义阶段乃至共产主义阶段。这使得我们更清楚地认识到，解放理论包含着社会形态的内容。

马克思在谈论"三形态"理论时，认为人的依赖关系是在社会形态最初的形式，那时，人的生产能力也只在一定的范围内或者孤立的地点内进行发展着。以物的依赖性为基础的人的独立性，这就是我们所说的第二大形态。在第二大形态里，出现了普遍的社会物质交换，全面的关系，多方面的需求以及全面的能力体系。在以第二阶段的前提条件下形成了第三阶段，建立在个人全面发展和他们共同的社会生产能力成为他们的社会财富这一基础上的自由个性。

我们由此可以得出结论，在这里，马克思仅仅讨论了三大形态的内涵而并没有提到它的外延，换句话说，就是没有指出每个形态所包含哪些历史阶段。也正是这一点，使得"三形态"与"三个阶段"之间是否具有同一性成为了一个问题。为了解决这个问题，我们就必须研究"三大形态"的外延。这也就是说，我们原来研究的"三大形态"和"三个阶段"的关系问题其实是外延问题。根据逻辑学原理，我们知道，内涵是外延的基础，并且内涵决定着外延，二者是不可分割地联系在一起的。所以说，解决外延问题其实也是在解决内涵问题的过程，那么"三大形态"的外延必然可以通过内涵的分析来显示。

马克思曾在《1857—1858年经济学手稿》中对"三形态"理论的描述中写道："如果考察的是生产不发达的交换、交换价值和货币制度的那种社会关系，或者有这种制度的不发达程度与之相适应的那种社会关系，那么一开始……自由中互相交换，但是，只有在那些不考虑个人互相接触的条件即不考虑生存条件的人看来（而这些条件又不依赖于个人而存在，它们尽管由社会产生出来，却表现为自然条件，即不受个人控制的条件），各个人才显得是这样。在前一场合表现为人的限制即个人受他人限制的那种规定性，在后一场合则在发达的形态上表现为物的限制即个人受不以他为转移并孤立存在的关系限制。"①由此我们可以得出结论，这是以三大形态为话语体系，主要比较的是社会关系也就是两种社会形态的区别。第一种被我们称为"表现为人的限制"的"不发达形态"，它的不同之处在于个人之间的关系是在一定的社会限制中的关系；第二种被我们称为"表现为物的限制"的"发达的形态"，它的不同之处在于人的依赖纽带被独立存在的关系所打破。

通过这些历史关系的描述，我们认识到了三大形态的基本轮廓。马克思认为前资本主义的社会关系即"人的依赖关系"被打破之后，人类随之进入了资本主义时代。这个被看作是"世界历史"新纪元，跟过去的时代有了明显的不同，它作为一种典型形态在经验中是可以把握的。用人体解剖是猴体解剖

---

① 《马克思恩格斯选集》第2卷，人民出版社1995年版，第269页。

的一把钥匙的事例来说明，马克思是拿资本主义当参照标准，把"资本主义生产以前的各种形式"的共性称之为"人的依赖关系"。这个发现有两个重要的意义：第一，它确立了前资本主义这个简单的"派生性"概念；第二，又把它与"人的依赖关系"相联系。因此，人类历史的发展就出现了"三个阶段"即前资本主义阶段、资本主义阶段和共产主义阶段。这三个阶段与"三大形态"是一致的。换句话说，就是"人的依赖性"社会、"物的依赖性"社会以及"个人全面发展"的社会这三大形态的依次更替。这样的理论其实是一种"逻辑后承"，是另一种"人类解放"的表达形式。这里的人类解放进程的阶段性特征及其确定这种阶段性特征的根据其实是通过时间维度来考察的。作为人类解放理论与"三大形态"理论的融合所带来的新视野，对于我们认清马克思人类解放理论和马克思社会形态理论都具有重要意义。马克思所重视人类社会的各个形态依次更替的过程及其规律是以历史和逻辑统一的方法来考察的，换句话说，全人类社会的进化具有必然性，我们不能单单把它看成是个别历史的叠加，更不能把这些有机体看成是独立的过程，而应该是在"世界历史"范围内经过逻辑的概括而总结出来的，它反映世界历史过程的普遍性和统一性。简而言之，它的存在和发展影响到当时人类历史的全部进程。

把握好全人类社会进化的必然性，就要在"人类解放"的背景下考察社会形态问题，也只有在这个背景下才能找到社会形态理论的意义之源与理论之根。人类解放理论和社会形态理论为我们认识和理解社会的发展和进步提供了科学的方法论。它是在唯物史观的指导下，对人类社会历史发展规律进行了概括和总结的基础上形成的，同时为我们客观评价历史与社会进步提供了理论依据。就世界历史而言，社会的发展是一个自然的历史过程，它并没有因为资本主义的确立而宣告结束，相反，由于资本主义生产社会化与生产资料私有制之间的基本矛盾无法克服，这为人类的进一步解放人类奠定了基础。正如马克思所说："资本主义生产由于自然过程的必然性，造成了对自身的否定。这是否定的否定。这种否定不是重新建立私有制，而是在资本主义时代的成就的基础上，也就是说，在协作和对土地及靠劳动本身生产的生产资料的共同占有的基础上，重新建立个人所有制。"①

---

① 《马克思恩格斯选集》第2卷，人民出版社1995年版，第269页。

参 考 文 献

[1]马克思恩格斯全集(第47卷)〔M〕.北京：人民出版社，1979.

[2]马克思恩格斯选集(第1—4卷)〔M〕.北京：人民出版社，1972.

[3]列宁选集(第1—4卷)〔M〕.北京：人民出版社，1972.

[4]邓小平文选(第2—3卷)〔M〕.北京:人民出版社，1993.

[5]孙承叔.打开东方社会秘密的钥匙〔M〕.上海：东方出版社，2000.

[6]孙承叔，王东.对《资本论》历史观的沉思〔M〕.上海：学林出版社，1988.

[7]余源培，荆忠.寻找新的学苑——经济哲学成为新的学科生长点〔M〕.上海：上海社会科学院出版社，2001.

[8]吴晓明.历史唯物主义的主体概念〔M〕.上海：上海人

民出版社，1993.

[9]吴晓明，渠敬东，朱必祥.马克思主义社会思想史〔M〕.上海：复旦大学出版社，1996.

[10]庄国雄，马拥军，孙承叔.历史哲学〔M〕.上海：复旦大学出版社，2004.

[11]王德峰.哲学导论〔M〕.上海：上海人民出版社，2000.

[12]俞吾金.意识形态论〔M〕.上海：上海人民出版社，1993.

[13]张一兵.马克思历史辩证法的主体向度〔M〕.南京：南京大学出版社，2002.

[14]吕世荣.马克思社会发展理论研究〔M〕.北京：中国社会科学出版社，2001.

[15]候衍社.马克思的社会发展理论及其当代价值〔M〕.北京：中国社会科学出版社，2004.

[16]叶险明.马克思的世界历史理论与现时代〔M〕.北京：清华大学出版社，1996.

[17]王东.马克思主义与全球化——《德意志意识形态》

的当代阐释［C］.北京：北京大学出版社，2003.

[18]哈耶克.通往奴役之路［M］.北京：中国社会科学出版社，1997.

[19]阿马蒂亚·森.以自由看待发展［M］.北京：中国人民大学出版社，2002.

[20]宾克莱.理想的冲突——西方社会中变化着的价值观念［M］.北京：商务印书馆，1983.

[21]约翰·密尔.论自由［M］.北京：商务印书馆，1959.

[22]杜娜耶夫斯卡娅.马克思主义与自由［M］.沈阳：辽宁教育出版社，1998.